冰雪经济与冰雪文化系列教材

冰雪旅游概论

Introduction to Ice and Snow Tourism

王海燕　刘　莉　主　编

金　花　杨　旭　曲婷婷　副主编

东北财经大学出版社　大连
Dongbei University of Finance & Economics Press

图书在版编目（CIP）数据

冰雪旅游概论/王海燕，刘莉主编．—大连：东北财经大学出版社，2025.3．—（冰雪经济与冰雪文化系列教材）．—ISBN 978-7-5654-5585-8

Ⅰ.F590.75

中国国家版本馆CIP数据核字第20251JT697号

东北财经大学出版社出版

（大连市黑石礁尖山街217号　邮政编码　116025）

网　　址：http://www.dufep.cn

读者信箱：dufep@dufe.edu.cn

大连天骄彩色印刷有限公司印刷　　东北财经大学出版社发行

| 幅面尺寸：185mm×260mm | 字数：166千字 | 印张：11 |
| 2025年3月第1版 | | 2025年3月第1次印刷 |

责任编辑：孙　平　姜彩霞　　　　　　责任校对：吴　奂

封面设计：原　皓　　　　　　　　　　版式设计：原　皓

定价：42.00元

前 言

　　冰雪旅游契合"带动三亿人参与冰雪运动"目标，助力全民健身事业，提升国民身体素质与健康水平。同时，冰雪旅游是践行"冰天雪地也是金山银山"理念的生动体现，有力推动了区域经济协调发展。冰雪旅游还是国际交流合作中展示中国形象、提升国际影响力的特色名片，对推动共建"一带一路"国家的旅游合作也有着积极意义。

　　本书旨在为读者全面系统地呈现冰雪旅游的全貌，从冰雪旅游的基本概念出发，剖析了冰雪旅游从萌芽到兴起的发展历程，阐述了冰雪旅游资源的类型与分布，对冰雪旅游消费者的行为特征与需求进行了分析，涵盖了冰雪旅游营销的策略与手段、冰雪旅游形象的塑造与传播以及冰雪旅游服务质量的提升与保障等内容。

　　在编写过程中，我们广泛收集了国内外冰雪旅游的最新案例与数据，力求使本书内容兼具理论深度与实践指导意义。本书既可用作高等院校旅游管理及相关专业的教材，也可为从事冰雪旅游规划、开发、运营与管理的专业人士提供有益的参考与借鉴。

　　本书由王海燕、刘莉担任主编。各章的编写分工如下：第一章由刘莉编写；第二章由李俊、庄琦编写；第三章由金花编写；第四章由曲婷婷编写；第五章由王海燕编写；第六章由仝菲、刘长瑞编写；第七章由杨旭编写。

　　感谢为本书编写提供文献参考和各种帮助的专家学者以及出版社工作人员。本书作为教学与理论研究的阶段性成果，难免有不当之处，欢迎广大专家和读者批评指正。

作　者

2025 年 1 月

目 录 ❄

第一章

冰雪旅游概述

　　筹办以来，我们建设了一大批优质的冰雪场地设施，举办了一系列丰富多彩的群众性冰雪赛事活动，人民群众参与热情持续高涨，参与人数达到 3.46 亿，冰天雪地成为群众致富、乡村振兴的"金山银山"。

　　——2022 年 4 月 8 日，习近平总书记在北京冬奥会、冬残奥会总结表彰大会上的讲话

❄ 知识目标

1.了解国内外旅游、冰雪旅游相关概念。

2.熟悉冰雪旅游的特征。

3.理解冰雪旅游的影响。

4.掌握冰雪旅游的构成要素、分类及测量指标。

❄ 能力目标

　　具有一定的思辨能力，能够对冰雪旅游的现象、类别、影响进行辨别

分析。

❋ 思政目标

1. 树立我国冰雪旅游活动蓬勃发展的信心。
2. 培养学生立志旅游行业发展的高尚情操。

❋ 思维导图（知识架构图）

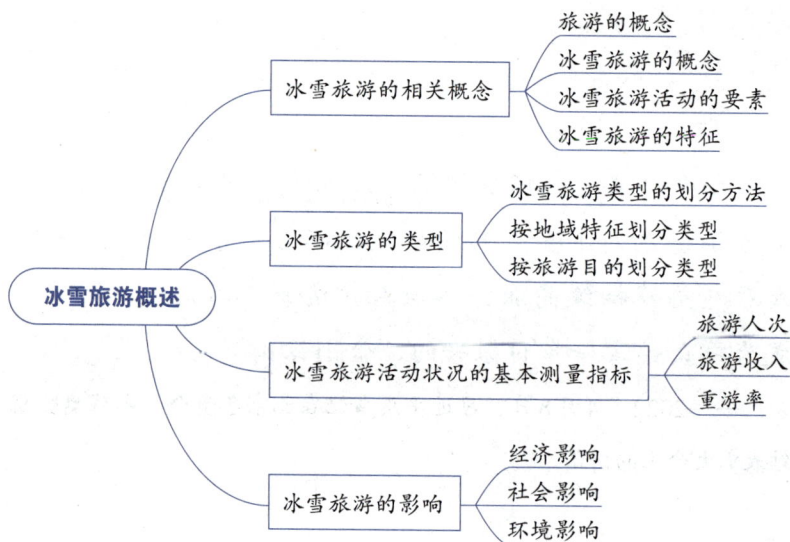

❋ 导入案例

"冰雪+"让产业"乘上东风"

2025 年 1 月 5 日，中国旅游研究院发布《中国冰雪旅游发展报告（2025）》（以下简称《报告》）。《报告》显示，我国冰雪旅游市场进入提质增效的繁荣新阶段，展现出前所未有的活力，强大的政策支持、超大规模的市场需求和高品质的产品供给推动我国冰雪旅游加快向大众化、品质化、数字化转型。

《报告》显示，2023—2024年冰雪季是"后冬奥"时期首个完整的冰雪旅游季，单个冰雪季我国冰雪休闲旅游人数实现新突破，冰雪休闲旅游人数达4.3亿人次，冰雪休闲旅游收入5 247亿元。

《报告》显示，2024—2025年冰雪季，我国冰雪旅游消费热情高涨，人数和收入呈现持续增长趋势。中国旅游研究院冰雪旅游专项调查显示，有4项数据在历年调查中为最高：一是有71.2%的游客希望在2024—2025年冰雪季体验冰雪休闲旅游活动；二是有45.5%的游客希望进行远距离的冰雪旅游；三是有29.7%的游客希望同时开展近距离和远距离的冰雪休闲、冰雪旅游；四是有64.2%的游客会在这个冰雪季提高或者维持往年支出水平，去开展冰雪休闲旅游活动。

《报告》还显示，冰雪旅游投资从注重规模向注重效率转变，从注重投资硬件为主向兼顾软硬件转变。2024年，冰雪旅游领域展现出强劲的投资活力，重点投资在基础设施、设备更新、运营优化、科技研发等领域。

资料来源 中国旅游报.《中国冰雪旅游发展报告（2025）》：冰雪旅游市场展现前所未有活力［EB/OL］．［2025-01-08］. https://www.mct.gov.cn/whzx/zsdw/zglyyjy/202501/t20250108_957719.html.

案例思考题：

1. 请分析我国冰雪旅游兴起的背景。

2. 冰雪旅游发展前景如何？

3. 这则案例给你怎样的启示？

第一节 冰雪旅游的相关概念

冰雪作为一种自然资源，是一种客观存在，而且是独立于人类而存在于自然界。随着人类社会的进步，冰雪的价值得到释放，它服务于人类、造福于社会。"冰雪是资源，寒冷是优势。"近年来，在北京成功举办2022年冬奥会和"带动三亿人参与冰雪运动"的助推下，我国冰雪旅游呈现井喷式发展，逐渐呈现全民参与态势，我国已经成为冰雪旅游大国，正在向冰雪旅游强国迈进。

一、旅游的概念

旅游的定义是历史发展的产物。在中国，第二次世界大战以前还鲜见"旅游"二字，更多的是沿用"旅行"一词。在国外，"旅游"一词也是在第二次世界大战以后才被广泛使用的。由于人们所处的历史时期不同，各时期社会经济发展水平不一，对旅游认识的角度和方法都存在差异，故而人们对旅游的内涵和外延作出不同的理解，对旅游的定义或解释也各有侧重。将旅游作为一种社会现象，进行较为系统、全面、科学的研究，是在20世纪。

为人们所普遍接受的定义有瑞士学者汉泽克尔（Hunziker）和克拉普夫（Krapf）于1942年在他们合著的《旅游总论概要》一书中提出的：旅游是非定居者的旅行和暂时居留而引起的现象和关系的总和，这些人不会长期定居，并且不从事任何赚钱的活动。这个定义引入了旅游的社会属性，说明旅游不仅是旅游者个人的活动，而且是涉及与之有关的一切关系所构成的综合现象。由于其阐述深刻而又科学，1981年被国际旅游科学专家协会（International Association of Scientific Experts in Tourism，AISET）所采用，故又被称为"艾斯特"（AISET）定义。这个定义的不足之处在于最后部分的叙述不能很好地说明近年蓬勃发展的商务旅游。

1995年，世界旅游组织（UNWTO）和联合国统计委员会对旅游的定义是，人们出于休闲、商务和其他目的，离开惯常环境，到某些地方去以及在那些地方停留的活动，并确定这种在外地的暂时停留以不超过1年为标准，同时指出，访问的主要目的不应是通过所从事的活动从访问地获取报酬。

与"艾斯特"定义不同，这个定义明确说明旅游目的包括商务活动。将不够确切的"不从事任何赚钱的活动"的提法舍去，以"访问的主要目的不应是通过所从事的活动从访问地获取报酬"来作为区分旅游者和非旅游者的标准。虽然商务旅游者也会从本次旅行所从事的商务活动中取得报酬，但这些报酬是所在企业支付的，而不是从访问地获得的，这与劳工与移民等非旅游者从访问地获取报酬有明显区别。

尽管准确地定义旅游的概念有诸多困难，目前学术界和各类旅游组织还是从不同的角度给出了各自的定义，这些定义虽然有一定的局限性，但仍具备实用性。

鉴于上述分析，对旅游的定义可作如下表述：旅游是人们离开常住地到异地他乡访问的旅行和暂时停留所引起的各种现象和关系的总和。

二、冰雪旅游的概念

同旅游的概念类似，冰雪旅游概念内涵丰富，学界目前也尚未对其形成统一界定。

国外研究很少直接出现"冰雪旅游"这一概念，相关研究多以"冬季旅游""滑雪旅游"为主题。在国内冰雪旅游相关研究中，学者们从不同视角出发对冰雪旅游进行了解读，提出了"冰雪旅游""滑雪旅游""冰雪体育旅游""冬季旅游""冰川旅游"等一系列概念，相关视角主要可归纳为旅游资源视角、旅游动机视角、旅游季候视角、综合研究视角等。

从旅游资源视角出发，学者们认为冰雪旅游是以冰雪及冰雪组合景观、冰雪气候资源等作为旅游吸引物开发出来的所有旅游活动形式的总称，以冰川或冰川遗址为吸引物开展的冰川旅游属于冰雪旅游的范畴。也有学者根据资源利用类型，认为滑雪旅游、冰川旅游属于山地旅游。

从旅游动机视角出发，学者强调了冰雪旅游的运动属性，有的研究将冰雪旅游定义为以滑雪运动为主的休闲体育旅游，即滑雪旅游的一般概念；也有研究将冰雪旅游定义为"冰雪体育旅游"，即以参加冰雪运动、观赏冰雪体育活动作为行动目的的旅游活动。

从旅游季候视角出发，则认为冰雪旅游从属于冬季旅游范畴，具有时间属性，是旅游者在冬季这一特定季候前往冰雪资源丰富的地区展开的旅游活动。实际上，冬季旅游与冰雪旅游存在资源共性，但冬季旅游资源范围更广，而冰雪旅游在时间方面更灵活，在实践发展中已突破时间限制。

从综合研究视角出发，冰雪旅游属于生态旅游的范畴，是以参与性、体验性、刺激性和娱乐性为特点的冬季旅游产品，让游客体验冰雪天地的自然风光，享受纯净洁白的冰雪文化。

目前学界对冰雪旅游的相关界定有各自的实践依据及侧重点，但同时也存在一定的交叉性和模糊性。在当前鼓励大力发展冰雪旅游阶段，应对各种新兴冰雪旅游发展形式及业态持兼容并包态度。

从大资源观出发，冰雪旅游是依托天然或人造冰雪景观、冰雪设施、冰雪体育、冰雪节事、冰雪文化等资源开展的各种旅游活动。

三、冰雪旅游活动的要素

任何活动都是由不同的要素所构成的。构成冰雪旅游活动的基本要素包括：旅游的主体——旅游者，旅游的客体——旅游资源，旅游的媒体——旅游业。主体、客体和媒体三者相互依存、相互制约、紧密结合，构成旅游活动的整体——人类生活的高级消费形式，并产生经济效益、社会效益和环境效益。

（一）冰雪旅游者是冰雪旅游活动的主体

在冰雪旅游活动构成的各要素中，旅游者处于主体地位。旅游者是冰雪旅游活动的首要条件，一切冰雪旅游活动都是围绕旅游者而进行的，没有旅游者就没有冰雪旅游活动，也就没有由冰雪旅游活动而产生的各种经济或社会现象。在冰雪旅游活动构成中，旅游主体以个体行为意向和群体市场特点向其他要素提出要求，即产生旅游需求，由此产生旅游活动的运转。旅游者是旅游活动的主导性因素。他们的数量、消费水平、旅游方式等，是决定旅游业内部各种比例关系及其相互协调的主要因素。冰雪旅游资源的开发和利用，旅游业的发展规模和速度，都直接受旅游者的客源结构、旅游流向和活动变化规律的制约和影响。因而，旅游者是旅游活动的主体。

冰雪旅游者是冰雪旅游的主体，冰雪旅游持续发展的关键在于对冰雪旅游者不断升级的个性化需求的满足和冰雪旅游者群体的不断培育。

（二）冰雪旅游资源是冰雪旅游活动的客体

冰雪旅游资源是冰雪旅游开发的客体和对象，其开发方式和水平直接决定了对冰雪旅游主体（冰雪旅游者）的吸引力。旅游资源是激起旅游兴趣并导致各种冰雪旅游活动的最直接的因素，是保证旅游供给与发展旅游事业的重要物质基础。一个国家或地区冰雪旅游资源的拥有与否及丰富程度，是决定和影响冰雪旅游发展的根本前提条件之一。当一个人具备了出游的主客观条件后，想要开展冰雪旅游时，他首先考虑的必然是去哪一个国家或地区才能满足自己的旅游需求，这时，吸引旅游者的决定性因素，就是合其口味的冰雪旅游资源。固然，当一个人准备去某国或某地区开展冰雪旅游时，同时也会考虑到那里的生活条件和服务设施，但这只是第二、三位的需要。只有那些独具特色的冰雪旅游资源，对于旅游者来说才是无可替代的。所以，旅游资源是冰雪旅游活动的客观基础，是招徕客源、开拓市场的重要的物质基础和条件。

（三）冰雪旅游产业是冰雪旅游活动的媒体

相对于冰雪旅游者和冰雪旅游资源来说，冰雪旅游产业是旅游活动构成的媒体。它是冰雪旅游主体和冰雪旅游客体得以结合，最终实现旅游活动的条件和手段。冰雪旅游产业是冰雪旅游发展的产物，同时也是冰雪旅游发展的推动者。冰雪旅游产业是冰雪旅游供给的重要提供者，如开展冰雪旅游的基础设施、上层设施、交通运输等。利用旅游产业提供的便利服务完成旅游活动已成为现代化旅游的一种规范化的旅游模式。

四、冰雪旅游的特征

冰雪旅游依托丰富、独特的冰雪资源，活动多样，尽管受季节影响显著，对天气条件依赖度高，仍吸引了广泛的游客群体。具体来讲，冰雪旅游具有参与性、体验性、高消费、依赖性、健身性和休闲性等特点。

（一）参与性

冰雪旅游具有极强的参与性。这一特点一方面是由冰雪旅游的起源决定的，对冰雪资源的开发利用最早源自古老民族的日常活动；另一方面是由游客的旅游需求决定的，在寒冷的冬季，仅仅是静态地观赏冰雪美景是不够的，游客们更期望能够参与冰雪活动，比如在冰天雪地中尽情享受运动的乐趣。

（二）体验性

冰雪经济是一种体验经济，冰雪旅游也具有体验性的特点。越来越多的游客热衷于冰雪运动，痛快酣畅地玩冰雪。在林海雪原间激情滑雪，尽享自由快感；在无垠的雪原冰湖上驾驭雪地摩托飞驰，体味北国银白世界的神韵；在辽阔的雪原上跨上骏马驰骋，感受游牧民族的生活情趣；坐狗爬犁奔跑在冰雪上，饱览北国风光。

新疆阿勒泰是人类滑雪起源地之一。阿勒泰正在打造以极致野雪为代表的世界高端冰雪度假目的地，设有国内首个直升机滑野雪项目，还有乘坐马拉雪橇、野外探险、毛皮滑雪等丰富的冰雪旅游体验。黑龙江在牡丹江的雪乡雪谷、大兴安岭的山巅、威虎山国家森林公园等处，开辟了雪地徒步穿越路线。游客置身原始森林中，脚踩白雪覆盖的黑土，是感触冬季之美的一种深度体验方式。

（三）高消费

由于冰雪旅游具有极强的参与性和体验性，游客深度参与各项体验活动，游玩时间也相对较长，从而带来较高的旅游消费。冰雪旅游相对于传统的观光旅游，属于高消费的旅游活动。例如，参与滑雪运动需要在装备等方面付出一定的成本，而冰雪度假旅游更需要负担较高的餐饮、住宿费用。

中国旅游研究院的市场调查显示，2018—2019年冰雪季我国冰雪旅游人均消费为1 734元，2018年我国国内人均旅游消费为926元，据此计算，冰雪旅游是国内旅游人均消费的1.87倍。2022—2023年冰雪季我国冰雪休闲旅游的人均消费为1 119元，是2022年我国国内人均旅游消费806.32元的1.39倍。此外，冰雪旅游拥有较高的重游率，回头客多，重复消费率较高。尤其是滑雪运动，作为一项体育活动，很多人有可能成为滑雪的终身爱好者。

（四）依赖性

冰雪旅游活动的开展对资源具有较强的依赖性。有条件开展冰雪旅游的国家和地区，在地理位置上一般处于寒温带或中温带，每年的1月份和2月份的平均气温为-30℃至-18℃，而且山地面积多于平地，一般坡度平缓，雪期长。如果只是具备了寒冷的气候条件但是缺少坡度适宜的山地便无法建设滑雪场，山地众多却纬度偏低也很少出现自然降雪。但随着科技的进步，冰雪场地受自然条件的制约正在减弱。此外，冰雪旅游需要完善的基础设施来支撑，包括交通、住宿、餐饮、娱乐等方面。

（五）健身性和休闲性

滑雪运动是冰雪旅游的重要组成部分。参加体育活动，可以锻炼身体、消除疲劳、增进健康。对于长期居住和工作在城市里的人们，可以调节快节奏工作带来的压力，有助于摆脱生活的单调与烦恼。在得天独厚的冰雪环境中锻炼身体，既增强了人们的御寒能力、提高体质和健康，还可以达到放松心情、健身休闲的目的。

第二节　冰雪旅游的类型

冰雪旅游资源属于自然旅游资源中的气象、气候旅游资源，只有在中高纬度的严寒季节才能出现，从总体上讲包括冰和雪两个部分。利用冰雪旅游资源可以开展一系列冰雪旅游活动。

一、冰雪旅游类型的划分方法

冰雪旅游类型是指现实具体旅游活动中所表现出来的若干不同形式，即旅游活动方式的差异性、多样性、特色性。每一种冰雪旅游类型得以产生，都是以触发不同旅游者的不同旅游欲望为前提,以旅游资源为基础,以旅游经营者提供与不同旅游需求相适应的活动方式为产物。由于冰雪旅游涉及社会经济、政治、科学、文化等各个领域,冰雪旅游类型也具有多样性,呈现出不同的形式。参照旅游活动的分类标准,冰雪旅游分类可从以下几个角度进行:

（一）按地域特征划分

冰雪旅游可以按照是否跨越国界,分为国际旅游和国内旅游。国际旅游可分为入境旅游和出境旅游,其中入境旅游是外国公民到本国开展的冰雪旅游活动,出境旅游是本国公民到他国或境外其他地区开展的冰雪旅游活动。国内旅游是指公民在本国国境范围内的冰雪旅游活动,按出游范围的大小通常分为地方性旅游、区域性旅游和全国性旅游等具体形式。

（二）按旅行距离划分

冰雪旅游可以按照旅行距离划分为远程旅游和短程旅游。远程旅游通常指的是那些旅行路程相对较长、跨越较远距离的旅游活动。由于旅行距离较远,远程旅游往往伴随着较高的花费,包括交通费用、住宿费用以及各种旅游活动的费用。相对而言,短程旅游则是指那些在较近距离内进行的旅游活动。短程旅游的特点是耗时较短,支出相对较小,适合那些时间紧张或预算有限的游客。

（三）按享受程度划分

冰雪旅游可以按照享受程度划分为豪华旅游、标准型旅游、经济型旅游。现代冰雪旅游市场中,两极化的消费群体尤其值得关注。一方面,豪华旅游的消费者群体,他们的消费水平显著高于中低档旅游者,平均消费额往往高出数倍之多。这些消费者追求高端、奢华的旅游体验,愿意为高品质的服务和设施支付更高的费用。另一方面,经济型冰雪旅游者占据了较大的市场份额,他们注重性价比。在吃、住、行、游等各个方面,通常会选择较为经济实惠的项目。

（四）按旅游者的主要目的划分

冰雪旅游可以按照旅游者的出游目的划分为冰雪观光旅游、冰雪运动旅游和冰雪娱乐旅游三大类别。此外，研学旅行、康养旅游渐成趋势；受中国冬奥会的成功举办带来的重大影响，冰雪赛事旅游、冰雪会展旅游以及冰雪商务旅游的发展将得到激发和促进。

以下对常见的按地域特征、旅游目的来划分的冰雪旅游类型进行详述。

二、按地域特征划分类型

冰雪旅游活动按旅行游览的地域范围划分，可分为国内旅游和国际旅游两个基本类型。世界旅游发展历史表明，旅游活动总是按照由近及远，先国内后国外的规律发展的，但就冰雪旅游来讲，其发展未必符合此项规律，其活动开展可能受资源、开发程度影响较大。

（一）国内旅游

国内旅游是指人们在居住国范围内的旅游活动。开展冰雪旅游活动的可以是本国公民，也可以是常住本国的外国人。例如，常驻北京的外国使馆人员在我国范围内进行的冰雪旅游活动，对我国而言，仍属国内冰雪旅游。由于旅游者的旅游支付能力有大有小，闲暇时间有长有短，旅游需求有差异，因而，国内旅游又可分为地方性旅游、区域性旅游、全国性旅游三种形式。

地方性旅游，一般是指当地居民在本区、本县、本市范围内的冰雪旅游。它实际上是一种短时间、近距离的参观游览活动，多数和节假日的娱乐生活活动相结合，时间短。比如长春市居民前往长春冰雪新天地开展的冰雪旅游活动。

区域性旅游，是指冰雪旅游活动的开展地区为居住地的邻近地区。如吉林省居民参加的东北冰雪7日游等。

全国性旅游，是跨越多个省份的旅游，主要是指到全国重点冰雪旅游目的地开展冰雪旅游活动。如滑雪发烧友打卡吉林、黑龙江、新疆等多个地区雪场。

（二）国际旅游

国际旅游是指跨越国界的旅游活动。冰雪旅游活动常以跨国旅游、洲际旅游形式出现。

跨国旅游泛指离开长居国到另一个国家或多个国家进行的旅游活动，但并不跨越洲界，比如英国人到法国开展的滑雪旅游活动，我国居民到韩国开展的滑雪旅游等。

洲际旅游是指跨越洲际界限的旅行游览活动。如北美国家的冰雪旅游者到欧洲的旅游活动，或美国人（北美洲）到中国（亚洲），日本人（亚洲）到美国（北美洲）的旅游活动都属于洲际旅游。这种旅游制约的因素较多，如航空业的发展状况、语言的障碍等。但由于全球冰雪旅游资源分布不均衡，这种跨国、洲际冰雪旅游活动很常见。

以滑雪为例，从世界范围来看，受限于市场规模、旅行时间和成本、雪具运输等原因，全球范围内滑雪场多以接待国内滑雪者为主。

三、按旅游目的划分类型

随着冰雪旅游的蓬勃发展，参加旅游的人数越来越多，旅游活动的地域越来越广，旅游方式也多种多样，有必要从旅游目的的角度对冰雪旅游活动进行分类。

按冰雪旅游者的旅游动机和主要目的来划分，冰雪旅游活动可分为冰雪观光旅游、冰雪运动旅游、冰雪娱乐旅游、冰雪赛事旅游、冰雪会展旅游以及冰雪商务旅游等。

（一）冰雪观光旅游

观光类冰雪旅游活动主要是指借助冰雪艺术景观、冰雪自然风光开展的冰雪旅游活动。冰雪艺术景观、冰雪自然风光景致主要包括雪景、雾凇、雪松、冰河、冰溶景观、林海雪原、冰雪园艺等。在冰雪的世界里游冰雕、雪雕童话王国，赏千里雾凇，览十里不冻河，穿越茫茫林海雪原都能带给游客感官上的完美享受。特殊的冰雪人文历史与辉煌的成就也都是旅游不可多得的景观，可以开展观赏类冰雪旅游活动。

（二）冰雪运动旅游

冰雪运动旅游是指在冰雪旅游中能使旅游者既参加运动健身活动，又能休闲娱乐的旅游活动。冰雪旅游者通过这种活动，能够亲身体验和感受冰雪运动的快乐，从而满足他们的心理需求和对冒险的渴望，如滑雪旅游、冬季森林探险旅游、攀冰等冰雪运动旅游。游客可以在白雪皑皑的山坡上尽情驰骋，感受滑雪带来的速度与激情；可以在专业教练的指导下，攀爬冰瀑或冰壁，体验攀登的乐趣和成就感。

（三）冰雪娱乐旅游

冰雪娱乐旅游是指依托冰雪民俗、节庆活动、主题乐园等冰雪元素，开展的以休闲娱乐为动机的冰雪旅游活动，强调旅游过程的放松性、趣味性和娱乐性，如抽冰猴、滑冰车、拉爬犁、滑雪、狗拉雪橇等，让旅游者体验到冰雪带来的独特乐趣。

（四）冰雪赛事旅游

冰雪赛事旅游是指专门为那些热爱冰雪体育运动的观众们组织的一系列旅游活动，包括前往比赛举办地观摩各项体育赛事，还包括参与各种与赛事相关的节庆活动。这类旅游活动通常围绕具有广泛影响力的冰雪体育赛事展开，例如冬季奥运会、亚洲冬季运动会、世界花样滑冰锦标赛等。游客不仅能近距离感受体育竞技的魅力，还能体验到举办地独特的文化和风情。

（五）冰雪会展旅游

会展旅游是一种借助举办国际会议、研讨会、论坛等会务活动以及各种展览会而开展的旅游形式。这种旅游形式通常具有规模大、消费水平高、停留时间长、涉及部门多以及利润丰厚等特点。在冰雪产业蓬勃发展的背景下，以冰雪为主题的会议、展览会等层出不穷，冰雪会展旅游应运而生，例如ISPO亚太雪地论坛、中国滑雪产业发展论坛、冬博会、雪博会等。

拓展资料1.2

（六）冰雪商务旅游

商务旅游是以经商为目的，将商业经营与旅行游览结合起来的一种旅游活动。随着全球冰雪产业和冰雪经济的蓬勃发展，与冰雪相关的商务活动也在逐渐增多。在此背景下，冰雪商务旅游活动也将成为重要的活动类型之一。

第三节　冰雪旅游活动状况的基本测量指标

在冰雪旅游研究实践工作中，需要使用一些指标去测量冰雪旅游活动的发展状况。对于一个国家或地区来说，管理者可借助这些指标，进行历史同期的纵向比较，并且与竞争国家或地区的相应情况进行横向比较，去分析本国或本地区在发展冰雪旅游过程中有可能存在的问题，以便采取必要的举措去调控其发展。常见的冰雪旅游活动的基本测量指标主要有旅游人次、旅游收入、重游率等。

一、旅游人次

旅游人数方面的测量指标是指给定时间内参与冰雪旅游活动的旅游者人次数。在北京冬奥会、冰雪出境旅游回流、旅游消费升级以及冰雪设施全国布局等供需两方面刺激下，我国冰雪休闲旅游人数从2016—2017年冰雪季的1.7亿人次增加到2020—2021年冰雪季的2.54亿人次。进入"后冬奥"时代，我国冰雪旅游延续了之前的高增长态势。根据中国旅游研究院的数据，我国冰雪休闲旅游人次在2022—2023年冰雪季达到3.12亿。

二、旅游收入

一般来讲，冰雪旅游收入通常是指在某一给定时期内（通常为1个雪季）旅游目的地国家或地区因接待冰雪旅游者，向其提供各种商品和服务而直接实现的收入额。2018—2019 年冰雪季，我国冰雪旅游人数达到 2.24 亿人次，冰雪旅游收入约为 3 860 亿元；2020—2021 年冰雪季，我国冰雪休闲旅游收入超过 3 900 亿元；2021—2022 年冰雪季，我国冰雪休闲旅游人数为 3.44 亿人次，冰雪休闲旅游收入为 4 740 亿元；2022—2023 年冰雪季，我国冰雪休闲旅游收入为 3 490 亿元。

三、重游率

旅游重游率是指一定时期内一个国家或地区的冰雪旅游人次与冰雪旅游人数之比。它反映了该国家或地区人们参与冰雪旅游的频率及旅游需求的规模和能力。在其他条件不变的情况下，重游率越高，说明该国或该地区居民对冰雪旅游的需求总量越大。2021—2022 年冰雪季，参加和预订冰雪旅游的游客比例近 90%，有约 57% 的游客参与过 1~2 次，还有 23% 的游客参与过 3~4 次，更有 9% 的游客参与了 5 次及以上的冰雪旅游活动。

第四节　冰雪旅游的影响

旅游业前所未有的发展给目的地带来了一系列经济影响、环境影响和社会影响。旅游业的相关研究多数侧重于经济影响，不过现在越来越多的人开始注意到旅游业给目的地社会和环境带来的影响。表 1-1 列举了冰雪旅游主要的积极影响和消极影响。

一、经济影响

相较于环境影响和社会影响，经济影响相对容易衡量，起步较早，已经有不少方法论获得大众的认同。早期关于经济方面的研究主要立足于国际和国家层面。现在，越来越多的研究开始着眼于旅游业对地区和本地经济的影响。

表1-1 冰雪旅游的积极影响和消极影响

积极影响	消极影响
直接和间接的工作岗位与收入	对旅游业的过度依赖
地方、地区和国家政府的税收收入	过高的房价超出本地年轻人的支付能力
吸引高消费社会群体	造成交通拥堵
对健康有益	本地居民对游客抱有敌意
提高生活质量	对野生动物的不利影响
促进积极的社会变革	污染
提高本地房价	水土流失
提升旅游业服务质量	由于土地占用造成的被迫迁移
应对季节效应带来的问题	造雪造成的过度用水
改善本地社区的娱乐设施	对土地资源造成压力

（一）理论基础

冰雪旅游及冰雪旅游业的发展对目的地经济发展的促进作用，可以通过旅游乘数理论来加以解释。所谓旅游乘数，是指用以测定单位旅游消费对旅游接待地区各种经济现象的影响程度的系数，是指产出、收入、就业和政府税收的变化与旅游支出的变化之比。

美国佛蒙特州的一项研究显示，滑雪的间接收益是正向的，每1美元的花费其乘数效应高达1.94（旅游业的乘数效应一般为1.69）（Linet et al., 1999）。

（二）积极影响

旅游业可以带来快速和大量的投资回报，带来经济增长，有利于解决贫困问题——特别是在发展中国家。旅游业可以作为发展市场经济的立足点，实现中小型企业的发展和繁荣。而冰雪旅游在经济发展过程中也扮演着重要的角色，不少新兴目的地正在发展和丰富其冰雪旅游产品，刺激经济增长。通过修建基础设施，引入高质量的度假村建筑商和运营商，发展中国家也可以凭借吸引国外游客来达到促进经济增长的目的。

1.收入方面

当前，冰雪旅游吸引了全世界众多的游客。《哈尔滨冰雪旅游发展报告（2023）》指出，哈尔滨冰雪旅游经济效益2019年达到了高峰，全市接待游客2 339.4万人次，总收入391.7亿元，同比增长11.4%和17.1%。公开数据显示，2024年元旦假期，哈尔滨市累计接待游客304.79万人次，实现旅游总收入59.14亿元，游客接待量与旅游总收入达到历史峰值；同程旅行发布的《2024元旦假期旅行消费报告》显示，2024年元旦假期，哈尔滨旅游热度环比上涨240%。崇礼自然资源丰富，是典型的冰雪旅游目的地，也是2022年冬奥会的举办地之一。王者等人通过收集崇礼区2009年至2022年滑雪系统和当地经济系统的指标数据，分析了两者的耦合程度，证实了滑雪旅游确实有助于崇礼区脱贫攻坚，并促进了崇礼经济的健康发展。

在国外，越来越多的政府机构和地区也在研究冬季旅游对自身的经济影响。旧金山州立大学的帕特里克·蒂尔尼的一项经济影响研究显示，塔霍湖地区9家最大的滑雪场为地区经济贡献了5.64亿美元的收入（Morales，2014），接待游客总量为272万人次，所有到该地区旅游的游客中，75%的游客目的地都是这9家滑雪场。这些游客在滑雪和滑雪相关的活动上的直接消费达4.27亿美元，主要包括缆车票、餐饮和住宿；间接消费，如餐厅从食品批发商处采购原材料，带来的经济影响达5.645亿美元。

2.就业方面

冰雪旅游资源聚集地区，多数为远离城市的乡村所在地。"冰天雪地"赋予了旅游体验的资源禀赋、气候环境，而"乡村生活"则保留了"田园""天然""民俗"的高质量审美对象，成为我国冰雪旅游的独特风景，产业的发展也为乡村振兴、共同富裕提供了现实路径。以河北为例，从近年河北各地的农村居民人均可支配收入年均增长率来看，在"冬奥经济"与"白色经济"的双轮驱动下，张家口在河北省范围内保持了最高的年均增长率。冬奥会举办地之一的崇礼近年来举办了168国际超级越野赛、斯巴达勇士赛等多项户外赛事，不仅吸引了游客，也为农民创造了临时性的工作岗位。

前文提及的旧金山州立大学的帕特里克·蒂尔尼的经济影响研究同样显示，地方和州政府税收收入达3 300万美元，度假村共计提供了8 290个全职和兼职岗位，改良性资本支出达2 100万美元，缴纳房地产税500万美元。

（三）消极影响

冰雪旅游活动对目的地的经济也会带来一些不利的影响。旅游者的大量涌入会引起本地的土地价格、房地产价格、普通物价上涨和资源供给紧张。如瑞士采尔马特滑雪度假区房价较 10 年前上涨 200%，本地居民外迁率增加 25%（瑞士联邦统计局，2023）。冰雪旅游活动具有很强的敏感性，活动的季节性、资源的依赖性等引发的各种危机都会导致冰雪旅游活动衰退，影响经济发展。NRDC（自然资源保护协会）的一项调查显示，由于糟糕的雪质状况，2000—2010 年，美国的滑雪产业总体收入损失超过 10 亿美元（NRDC，2012）。欧洲的滑雪场也出现了由于冬季变暖所造成的收入降低。2023 年，法国研究人员在学术期刊《自然气候变化》上发布了一项研究，通过对比分析 28 个欧洲国家和地区 2 200 多个滑雪胜地后发现，按照目前的温室气体排放速度，欧洲超过半数的滑雪胜地可能将"无雪可滑"。即使采用造雪机的方式，欧洲仍有 27%（气温升高 2℃的情况下）到 71%（气温升高 4℃的情况下）的滑雪场面临缺雪（自然雪和人工雪）的高风险。报告的作者们解释说："冬季少雪的情况一再发生，威胁到滑雪场的长期经济生存能力。"这意味着游客的流失，同时会对地区就业和经济造成打击。

二、社会影响

在"绿水青山就是金山银山""冰天雪地也是金山银山"理念的指导下，很多地方政府纷纷把冰雪旅游产业作为重点规划对象，给予特殊政策优惠以及资金支持，注重基础设施投资和建设，美化环境，完善交通网络，构建现代化的基础设施。在我国，"白色经济"带动下的公共服务建设，正在以前所未有的发展速度在全国铺开；供给侧驱动下"白色经济"促使"全民意识"逐渐觉醒，冰雪人口规模的扩大和结构的更新成为现实，促进了人们在健身意识、体质改善、精神文明等方面得到提升；大众实现了在认知、行为和意义层面上的冰雪文化启蒙。

部分学者对冰雪旅游的消极社会影响展开研究。多克西在 1976 年提出，根据目的地的不同，本地居民和外来者的互动随着时间的推移会转化为不同程度的本地居民敌视。霍斯特·里本道夫（1994）将瑞士阿尔卑斯地区的本地居民对游客的敌意归咎于大众旅游业的发展，这种敌意大部分来自年轻人。他认为季节性员工与游客之间产生了过度的互动，而这种过度互动的症候迟早会爆发出来。压力过大的员工继而会表现得更加易怒和具有进攻性。表1-2列出了随着时间的推移，本地居民的敌视情绪积累程度。

表1-2　　　　　　　　　　　　**本地居民的敌视情绪积累程度**

发展阶段	本地居民对旅游业的态度
欢迎	发展的初期阶段，开发商和游客都受到欢迎，几乎不存在任何规划和控制机制
冷漠	习惯了游客的存在，本地居民和外来者的联系更加官方（或商业化），规划多涉及市场营销层面
烦恼	达到饱和点，本地居民对旅游业产生疑虑，政策制定者的做法是增加基础设施建设，而非控制旅游业增长
敌意	公开表示敌意，游客被认为是所有问题的根源，尽管开始着手补救，但相应的宣传推广却在增加，以抵消目的地声誉的恶化

很多情况都会招致本地居民的敌意甚至是对游客的仇视。最严重的情绪通常出现在以下三种情形（Wall & Mathieson，2006）：

（1）游客在目的地出现，特别是以大规模形式出现。人流量过大是经常被提到的问题。

（2）示范效应。本地居民经常会对游客的物质优越性产生敌视心理，他们或许会尝试模仿他们的行为和消费模式。

（3）外资所有和就业问题。管理岗位和专业岗位的招募并不向本地人开放，这一点非常容易招致敌意。

例如，瑞士的滑雪度假区中，外资企业常将高端管理岗位保留给跨国派驻人员，而本地居民更多集中于季节性服务岗位，这种分工容易导致经济收益分配不均，引发社会争议。又如，瑞士2018年修订《外籍劳工法》，要求外资企业支付员工薪资不低于本地标准，导致英国度假木屋运营商因成本激增而退出市场。

三、环境影响

"冰天雪地也是金山银山"的论断极大提升了人们对于白色生态资源的价

值再认识，促进了冰雪旅游大省对于大气污染防治的投资规模。根据《2020大气中国：中国大气污染防治进程》的统计，2019年，从空气质量改善得分排名来看，相比上一年获得显著改善的有北京、成都、张家口、大同、西宁等城市。这些城市多数也是冰雪旅游重镇和潜力型发展城市。2021年12月，财政部发布《关于提前下达2022年大气污染防治资金预算的通知》，通知安排，2022年大气污染防治资金预算总计207亿元，与2021年的125亿元相比，增加了82亿元，增幅为65.6%。其中，资金最多的是河北省，达到33亿元。而大气污染防治资金预算排名第五到第十位的省区，分别为甘肃、新疆、辽宁、内蒙古、黑龙江，预算分别在5亿~8亿元；这5个省区，同时也是北方地区的冰雪旅游资源大省。

另外，冰雪旅游活动是山区旅游发展的重要形式，意味着高强度的旅游配套和基础设施建设，往往不可避免地给生态环境带来巨大影响。研究指出，冰雪旅游对目的地中各环境因素的影响是不一样的，对水资源的影响最为显著，其次是动物、植物和空气质量。对水资源的影响主要来自两方面：一方面是对水质的污染，首先来自冰雪旅游设施中处理过和未处理的污水排放，以及滑雪场、道路和停车场上的地表径流导致的水污染；另一方面，冰雪旅游中的雪道修整和采雪等措施改变了区域中溪流的自然流态。另外，冰雪旅游发展过程中的滑雪道、升降机建设以及伐木、陡坡挖掘和施工还会导致土壤物理属性改变、肥力下降和土壤侵蚀等危害。对土壤的破坏将进一步传导至动植物，从而影响动植物的多样性。奥地利的一项研究发现，滑雪板和雪地摩托在同一地点重复作用致使表层土壤移动，导致蚯蚓数量减少了85%，整个土壤动物群的丰度减少70%。此外，对于某些小型陆生哺乳动物来说，积雪底部的雪下空间对其雪下生存至关重要，但滑雪道、升降机等设施的建设使用改变了地表植被和积雪密度，从而影响这些动物的生存。

同时，应对气候变化不得不采取的人工造雪作业，也会加剧对滑雪场及附近生态环境的损害。一方面，人工造雪设施的建设和使用造成高能耗、高噪声的负面环境影响，改变了区域的水量平衡。大量人工造雪还会导致水资源的严重浪费和生态破坏，加剧滑雪场的水资源危机。另一方面，由于人工降雪时间增加，还可能导致木本植物、雪床物种和晚开花植物的数量增加，进而减少风媒植物，从而改变物种结构。

为了让冰雪旅游得以可持续发展，其必要条件是保护自然地貌、动植物等冰雪旅游地的环境资源。

首先，任何开发都应该基于良好的生态保护之上，而不仅仅为了短暂经济收益。不少学者提出了相应的生态环境保护策略，大致可以分为：

（1）划定滑雪场地的禁建区域，对生态环境实施严格保护。

（2）在允许建设区域，通过技术手段减少负面影响。

（3）完善管理和监测措施，对生态风险进行预警。

其次，为了防止土壤进一步遭受侵蚀，重建滑雪地的生态系统，应该选取合适的植物类型，在滑雪场开展植被恢复工作。

❄ 本章小结

本章主要对冰雪旅游的基本概念、特征、分类、测量指标、影响等基本知识进行了介绍。冰雪旅游是旅游活动的重要构成，区别于其他旅游活动，冰雪旅游呈现出参与性、体验性、高消费、依赖性、健身性和休闲性等特点。随着冰雪旅游活动类型丰富、范围扩大，冰雪旅游活动也可按照地域特征、旅行距离、享受程度、旅游目的等划分不同类型，可谓丰富多彩。此外，管理者和研究者可以从旅游人次、旅游收入、重游率等方面对冰雪旅游活动进行测量。而且，随着冰雪旅游的发展，其带来的经济、社会、环境影响也成为学习、研究的重要内容。

❄ 即测即练

❄ 思考题

1.冰雪旅游定义的不同表述中，人们已经取得了哪些共识？

2.按照旅游目的，冰雪旅游的类型主要有哪些？

3.冰雪旅游活动的特点表现在哪些方面？

4.冰雪旅游活动的测量指标有哪些，该如何理解？

5.冰雪旅游带来哪些消极、积极影响？

第二章

冰雪旅游发展

要加强生态文明建设，划定生态保护红线，为可持续发展留足空间，为子孙后代留下天蓝地绿水清的家园。绿水青山是金山银山，黑龙江的冰天雪地也是金山银山。

——2016年3月7日习近平总书记参加十二届全国人大四次会议黑龙江代表团审议时的讲话

❄ 知识目标

1.了解人类在古代的冰雪活动。
2.熟悉冰雪旅游产生的历史渊源与社会经济背景。
3.掌握冰雪旅游在世界、欧洲、北美洲和亚洲的发展。

❄ 能力目标

具有较强的地理空间和思维能力，了解不同地区的地理特征及其对冰雪旅游的影响。

❄ 思政目标

1.培养学生的全球视野和可持续发展意识。

2.培养学生对历史的尊重和责任感，增强为国家和民族发展贡献力量的使命感。

❄ 思维导图（知识架构图）

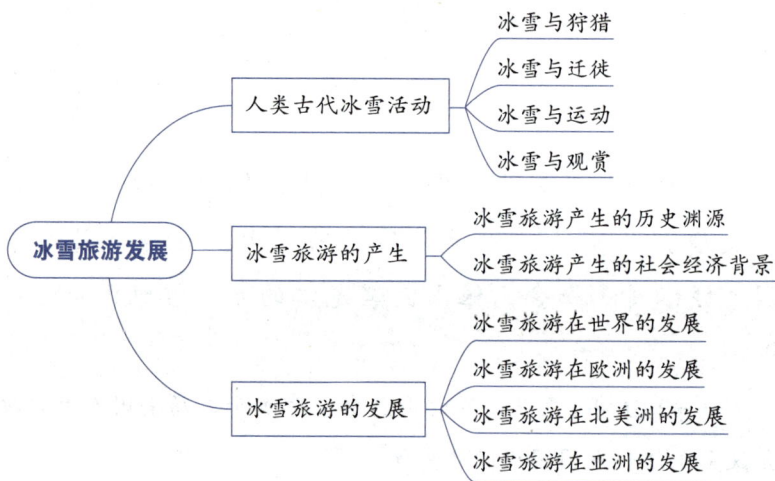

冰雪旅游发展

人类古代冰雪活动
- 冰雪与狩猎
- 冰雪与迁徙
- 冰雪与运动
- 冰雪与观赏

冰雪旅游的产生
- 冰雪旅游产生的历史渊源
- 冰雪旅游产生的社会经济背景

冰雪旅游的发展
- 冰雪旅游在世界的发展
- 冰雪旅游在欧洲的发展
- 冰雪旅游在北美洲的发展
- 冰雪旅游在亚洲的发展

❄ 导入案例

哈尔滨的雪花 旅游业的繁花

这个冬天，我们在哈尔滨看到了什么？

看到了游客融入了本地生活，勾画了都市新场景。随着大量的游客到访，不仅中央大街、冰雪大世界、太阳岛雪博会、热雪奇迹、伏尔加庄园、极地公园等热门景区人潮涌动，而且带火了红专早市、道里菜市场、洗浴中心，以及融歌舞表演、夜间餐饮和娱乐于一体的斯卡拉。那么多本地人司空见惯的场景在游客的啧啧称奇声中，曝光在互联网的舆论场中和聚光灯下，以至于有市民向游客请教当地玩乐的路书和攻略，生动诠释了什么是"旅游者定义旅游业"，什么叫"主客共享"。需要说明的是，无论是"小土豆"，还是"沙糖蜜桔"，每个称呼都透着热情豪爽的当地人对南方游客发自内心的亲切与善意，就像游客和媒体将哈尔滨亲切地称为"尔滨"一样。

看到了旅游市场的繁荣和经济增长的活力。受益于旅游市场的强劲复苏，截至2023年12月31日，哈尔滨太平国际机场全年旅客吞吐量2 080.5万人次，同比增长一倍，创下历史新高。由于冰雪旅游热，特别是华东和华南等远程市场大幅扩容的影响，2024年元旦3天假期，哈尔滨市累计接待游客304.79万人次，实现旅游总收入59.14亿元，均达到历史峰值。旅游消费力的外溢进一步带动了当地餐饮、零售、演出、交通、通信等服务业的增长，进而景区、度假区、酒店、民宿、街区、商圈的项目投资，以及冰雪休闲相关的装备装具研发、制造和销售。冰雪大世界四季冰雪项目去年新增投资3.45亿元，加上中华巴洛克街区三期改造、松北区枫叶小镇三期等21个开工建设项目，直接投资近50亿元，真正成为地方经济增长的新引擎。

资料来源 戴斌：哈尔滨的雪花 旅游业的繁花——2024冰雪旅游论坛开幕演讲［EB/OL］．［2024-02-01］．https：//www.thepaper.cn/newsDetail_forward_26034649．

案例思考题：

1.怎样理解"旅游者定义旅游业"和"主客共享"？

2."尔滨"的爆火有哪些借鉴之处？

3.这则案例给你怎样的启示？

第一节 人类古代冰雪活动

在遥远的古代，当人类还在与大自然搏斗、争取生存权利的时候，冰雪就成了他们生活中不可或缺的一部分。无论是为了狩猎、迁徙，还是为了宗教仪式和娱乐活动，冰雪都扮演着重要的角色。古代人类在冰雪中的活动展示了他们与大自然的紧密关系。他们不仅从冰雪中获得了生存所需的食物和资源，还在与冰雪的互动中发展出了丰富的文化和传统。这些活动不仅是古代人类智慧和勇气的体现，也为我们今天理解和欣赏冰雪文化提供了视角。

一、冰雪与狩猎

在寒冷的冰雪季节，许多动物会选择迁徙或寻找避风的地方。这使得冰雪覆盖的地区成为猎人们的天堂。他们追踪动物的足迹，利用冰雪作为掩护，静静地等待猎物出现。这种狩猎方式不仅考验猎人的耐心和技巧，更是他们与大自然和谐共生的智慧的一种体现。冰雪为狩猎提供了最佳的场所和条件，而狩猎则是冰雪季节生命律动的一种回应。这种和谐关系不仅体现在人与自然之间的互动上，更体现在人类对于生命和自然的理解和尊重。冰雪与狩猎之间的关系是复杂而微妙的。它们既相互依存又相互制约，共同构成了自然界中一道独特的风景线。

二、冰雪与迁徙

冰雪对古代人类迁徙产生了广泛而深远的影响。在冰川时期，由于气候变得极其寒冷，大量的土地被冰川覆盖，原有的生态环境被彻底改变，这迫使古代人类进行了大规模的迁徙。在古代，人类主要栖息在温带和热带地区。但是随着气候的变化，温带地区逐渐受到冰川覆盖，热带地区也受到极端干旱和气候变化的影响。为了生存，他们不得不进行长途迁徙，寻找温暖的地方和丰富的食物。因此，古代人类被迫向南或向北迁徙，寻找适宜生存的环境。美洲大陆的居民主要是从亚洲迁徙而来的，非洲居民也通过海洋迁徙，到达了北方的欧洲和亚洲等地。冰雪季节对古代人类来说意味着严寒和食物短缺。这种迁徙活动不仅考验着人们的体力和耐力，还需要他们具备丰富的地理知识和导航技能。总之，古代人类在冰川时期的迁徙大多是被迫进行的，这种迁徙推动了人类文化和技术的发展，而这种环境变化也促进了人类的进化。

三、冰雪与运动

（一）滑雪

滑雪是世界上最古老的体育运动之一，至少在数千年前，生活在欧洲北部和亚洲中部的人类已经开始从事滑雪活动。挪威、瑞典、芬兰、俄罗斯和中国都曾发现滑雪存在的证据。

挪威勒德于市有一处约公元前3000年的史前岩刻，上面描绘了一个人物形象，他脚下踩着一对巨型滑雪板，手里拿着一根类似滑雪杖的东西。

1924年，在瑞典的卡夫拉斯克村发现了约公元前3200年的滑雪板，其中一只滑雪板保存比较完好。它前端是尖的，中间有4个小孔，可以用来穿过绑脚的带子。和滑雪板一同被发现的还有一根类似船桨的东西，可能是起支撑、助力作用的滑雪杖。

中华民族自古便与冰雪有着不解之缘，在漫长的历史进程中，中国人不仅学会了抵御冰雪的严寒，更学会了利用冰雪、观赏冰雪、嬉戏冰雪，同时，冰雪也渐渐融入了中国人的精神价值体系。

我国古代的冬季运动，先出现滑雪，后出现滑冰，滑冰是由滑雪发展而来的。根据文献记载，在我国古代，不同时期活跃着不同的滑雪民族，其中出现最早的是钉灵人。

《山海经》中记载，有一个钉灵国，那里的人膝盖以下长着毛，脚像马蹄，走得非常快。以我们现代人的逻辑读来，他们就好像一群非人非兽的怪物。但是若以古人的眼光来看，这很可能正是穿着毛皮长裤、脚踏圆形滑雪板的人物形象。

滑雪的文字记载可以追溯到大禹时期。《史记·夏本纪》记载，大禹治水的时候四处奔波，"陆行乘车，水行乘船，泥行乘橇，山行乘檋"。檋，上山穿的钉鞋；一说上山坐的滑竿一类的乘具。橇，根据《史记正义》解释，"橇形状如船而短小，两头略微翘起，人曲一脚，在泥上行进"。后人在此基础上开拓创新，把它改造成在冰雪上行走的工具，就成了雪橇。

我国古代东北部少数民族，在北方严寒、积雪甚深的地理环境下，创制了"骑木而行"这一安全省力的交通方式。可以想象，农牧民驾驭木制滑雪工具，在林海雪原间行走、狩猎、游戏的风采。

2005年，在我国新疆阿勒泰市汗德尕特蒙古族乡发现一处岩画，上面画了多个脚穿滑雪板、手持滑雪杖进行狩猎的人物形象。经专家鉴定，岩画的年代距今1万年左右，早于其他已知的相关考古发现。在新疆其他地点也陆续发现了滑雪狩猎岩画。因此，有学者认为中国新疆阿勒泰地区是人类滑雪最早的起源地之一。现在阿勒泰市汗德尕特蒙古族乡还流传着关于滑雪狩猎的民谣。歌谣唱着一位"身上背着柳木制作的弓箭，双手斜推着滑雪棒，脚踩红松、白松木制作的毛皮滑雪板，很快地滑着奔跑在松树林中的，勇敢、灵活、聪明的猎人……"直到今天，当地居民还会使用松木和马腿毛皮制作"毛皮滑雪板"。

隋唐时期，拔悉弥人会穿着滑雪板在雪原上追逐猎物。他们的滑雪板是一块前端翘起的长条形木板，下面用顺毛的马皮包住，下坡时，速度可快过奔跑的驯鹿，而上坡时，就把滑雪板解下，用手拿着前行。

元朝时，生活在北方森林中的一些民族会拿着滑雪杖，站在滑雪板上追逐山牛等猎物。未经过训练的滑雪者可能会在下坡和疾驰时受伤，而熟练掌握滑雪技巧的人则能飞速奔走。他们还会将滑雪板连接起来，用来运送打获的猎物，很像雪橇的雏形。

明清时期，主要有三个民族使用滑雪板。达斡尔人的滑雪板叫"肯骨愣"；鄂温克人的滑雪板叫"基恩勒"；鄂伦春人的滑雪板叫"亲那"。

（二）滑冰

根据史书记载，隋唐时期，居住在蒙古高原的古代民族已经踏着"木脚"或乘着"木马"在冰面飞驰，追逐猎物。除了这种木制滑板，他们还会使用木杖作为辅助工具，每踏一下，人就能滑出百步，速度飞快，极具冲击力。生活在堪察加半岛的流鬼族每逢地面结冰后，就会带上宽约18厘米、长约2米的滑板外出狩猎。

元代时，位于叶尼塞河上游的民族会把动物骨头磨光，绑在脚底，踏着它在冰面上滑行。我国东北地区还流行一种狗爬犁，可以用于雪地和冰面上。

到了明清时期，尤其是松花江至黑龙江下游地区，狗爬犁主要用在冰上，作为当地人冬季最重要的出行工具之一。

还有一种工具叫冰床，它主要由人力牵动，上盖木板，下镶钢条，用于交通运输或运动游戏。

明世宗嘉靖皇帝常住西苑，皇太子正月从宫中前往拜见，就是乘坐冰床过河。清代时，有些王公大臣还会得到皇帝的准许，在西苑门内乘坐非常华丽的冰床，这些高级冰床遮有漂亮的华盖，能够阻挡风雪进入，兼具美观与实用功能。

（三）冰嬉

冰嬉是清代对冰上运动的总称，包括基于滑冰的各种竞技、娱乐和表演项目。冰嬉是满族人的发明创造，它诞生于努尔哈赤时期，在乾隆时期达到鼎盛，至道光后期在宫廷衰落，转而继续在民间发展。冰嬉是我国冰上运动史上浓墨重彩的一笔，具有鲜明的中华民族特色。

乾隆时期，由于皇帝本人的喜爱与推崇，冰嬉"为国制所重"，被定为"国俗"。乾隆皇帝规定每年举办一次冰嬉大典。每年10月，在八旗士兵中按照每旗200人的数目，共挑选出1 600名擅长滑冰者接受专门的训练。典礼在冬至后正式举办，届时皇帝会亲临瀛台（位于今北京南海）、五龙亭和阐福寺（位于今北京北海）等处观看。士兵们依次进行"抢等"（即速度滑冰）、"抢球"（类似冰上手球）、"转龙射球"等项目，典礼结束后，朝廷会论功行赏。

民间的冰嬉活动虽不及宫廷庆典气势恢宏，却也有一定的普及性和多样性，特别是在京津地区。当时流行的主要形式有拖冰床、溜冰、花样滑冰等。清人杨静亭《都门杂咏》中就有诗句形容冰床受欢迎的程度。

四、冰雪与观赏

宋人孟元老在《东京梦华录》中写道："豪贵之家，遇雪即开筵。"汴梁人常在下雪天"塑雪狮、装雪灯，一会亲旧"。

清代宫廷画家也留下了《雍正十二月行乐图》《弘历雪景行乐图》等描绘皇帝观赏雪景的画作。冰雪在古代人类的娱乐活动中扮演着非常重要的角色。寒冷的季节提供了许多不同的冰雪运动和娱乐活动，这已成为许多文化和社会的一部分。

滑冰是最古老的冰雪娱乐活动之一，可以追溯到公元前3000年的荷兰。滑冰是在冰上进行的，用刀刃滑行。当冰层足够厚时，滑冰成为一种非常流行的娱乐和运动方式。

冰球也是源自古代人类的娱乐活动，可以追溯到大约2000年前的斯堪的纳维亚半岛。冰球是一种在冰上进行的球类运动，球员用球棍将球射向对方的目标区域。在今天，冰球是一项很受欢迎的运动。

冰雕是一种以冰为主要材料来雕刻的艺术形式。冰雕艺术的起源可追溯到中国古代，当时人们已将冰块雕成简单形状以盛放物品，这便是冰雕的最早形式。现在，冰雕是一种在整个世界上都非常受欢迎的艺术表现形式。

雪橇比滑雪更古老，最早可以追溯到古代埃及时期，古埃及人用木头和皮毛制成的雪橇来滑行。现代雪橇，也称平底雪橇、运动雪橇或无舵雪橇，是一种仰面躺在雪橇上，双脚在前，通过变换身体姿势来操纵雪橇高速回转滑降的运动。

雪地摩托是一种在雪上进行的机动车运动。最早的雪地摩托可以追溯到20世纪初，是以汽油或柴油为燃料，用摩托车代替滑雪板，从而实现在雪地上奔驰。

总之，冰雪在古代人类的娱乐活动中扮演着非常重要的角色。冰雪娱乐活动不仅提供了进行运动和锻炼身体的机会，还提供了社交活动的机会，并且促进了不同文化之间的交流和合作。

第二节　冰雪旅游的产生

冰雪旅游最早起源于寒地民族，早在4000多年以前，北欧、乌拉尔山脉、西伯利亚和亚细亚地区以滑雪运动为基础，开展了与旅游相关的休闲活动。

欧洲的阿尔卑斯山地区和法国举行各种滑雪运动赛事，成为非常受欢迎的一项冬季休闲活动。20世纪50年代以后，世界各国开始开展滑雪旅游并进行滑雪度假产品的开发，美国、加拿大、韩国、日本、澳大利亚等国的滑雪项目不断被打造出来。随着滑雪旅游的深入开展，旅游产品也开始多样化，冰雪旅游产品被陆续开发出来，冰雪旅游开始盛行一时，形成庞大而且完善的冰雪旅游产业体系，冰雪旅游开始集运动、娱乐、度假、购物、观光、商务于一体，带动了地方经济的发展。据统计，全世界每年有4亿~6亿人参与冰雪旅游，全世界的滑雪场有6 000余个，经济收入达700多亿美元，旅游者数量之多，经济效益之可观，在全球范围内产生了重要的影响，同时也带动了旅游产业的发展。冰雪旅游，作为一种独特的旅游形式，它结合了冰雪运动、冰雪景观欣赏以及冰雪文化体验等多种元素，为游客提供了全新的旅游体验。冰雪旅游的产生，不仅源于人们对冰雪的热爱和好奇，也与社会经济、科技发展以及文化背景等多方面因素紧密相连。

一、冰雪旅游产生的历史渊源

《阿勒泰宣言》宣告了人类滑雪从中国新疆阿勒泰地区起源。上万年前滑雪作为华夏北方民族重要的生活方式，成为中国冰雪文化的起点，冰雪文化在远古、上古、中古、近古，代代传承，直至现代，最终形成融合古代与当代生活方式、精神生活的内容沉淀。

（一）从远古至当代的集体人格沉淀

近2 000年来，史籍中关于滑雪板及滑雪活动的有关记载有很多。滑雪板的叫法有"蹄""木""木马""察纳""踏板"等。20世纪20年代，近代滑雪从俄罗斯与日本传入中国东北。1992年，国家旅游局首次将"冰雪风光游"列为中国14个专项旅游产品之一，全国掀起了一股开发冰雪旅游热。21世纪以来，冰雪旅游从以冰雕雪塑为主题的冰雪观光，迅速向以滑雪运动为主题的冬季旅游转化，并逐渐向冰雪观光、滑雪运动相结合的方向发展。2006年12月，通过对沿袭下来的古老滑雪的长期研究，国内专家学者在北京人民大会堂举行"中国·新疆·阿勒泰是人类滑雪最早起源地"新闻发布会。2015年，来自挪威、瑞典、芬兰等国家和地区的30余位滑雪历史研究专家、学者联名发表了《阿勒泰宣言》，认同中国新疆阿勒泰地区是世界上最古老的滑雪地域，为人类滑雪最早起源地，标志着新疆阿勒泰为人类滑雪最早起源地的说法得到国际公认。2015年7月，国际奥委会第128次全会投票决定，北京成为2022年冬季奥运会举办城市。

广阔天地的自然地理环境、北方民族与华夏中原的持续融合、人类滑雪起源的国际认定与冬季奥运会的成功申办，共同促成了中国人冰雪文化的"集体人格"，进而影响现代冰雪文化的审美心理。

（二）社会、学校、家庭的平行传承

社会方面，"冰雪进校园"的开展给相关培训机构带来了新的市场、新的机遇。以北京为例，陈露冰上中心提供专业教练，帮助校花滑队编排节目，指导校冰球队技战术训练。以广州为例，广州融创雪世界通过开设冰雪普及课程、引进专业冰雪知识体系等方式，让更多青少年参与冰雪运动。同时以区域为核心，配合政府及学校，加大区域内冰雪运动产品和服务的中小学校园供给，推动冰雪运动特色示范区建设。

学校方面，2016年发布的《国务院办公厅关于强化学校体育促进学生身心健康全面发展的意见》中明确提出，在全国中小学积极推进冰雪运动等特色项目，逐渐形成"一校一品""一校多品"教学模式。

2019年，教育部联合国家体育总局、国家发展改革委、财政部等部门印发了《关于加快推进全国青少年冰雪运动进校园的指导意见》。我国在全面总结前3年工作经验的基础上，面向全国开展全国青少年校园冰雪运动特色学校、冬季奥林匹克教育示范学校、试点县（区）、改革试验区遴选工作。而后奥运时代，我国将充分利用冬奥会留下来的精神、文化和物质遗产，继续做好特色学校、示范学校、试点县（区）、改革试验区创建和遴选工作，让校园冰雪运动教学、训练、竞赛和管理体系更加健全，冰雪运动特色学校示范引领作用更加强劲，学校冰雪运动场地设施和师资队伍等条件保障更加有力，冬季奥林匹克教育深入人心，参与冰雪运动的学生显著增多，青少年冰雪运动水平稳步提升，学校、家庭和社会促进冰雪运动发展的融合机制更加完善，政府主导、部门协作、社会参与的校园冰雪运动机制更加成熟。尤其是当前国家对青少年体育教育非常重视和支持，在"双减""体教融合"等政策的推动下，青少年将有更多的机会参与到冰雪运动中。

家庭方面，冰雪运动的强代际传递性（"雪二代"）、家庭冰雪度假市场对于儿童一站式服务的强烈需求，均体现了代际传递对于冰雪文化渗透的"未来市场"，这既是市场的呼唤，又是培育未来忠诚消费者的重要路径。如果说0~6岁的"亲子"市场更关注"一站式"与"娱乐性"产品与服务，那么6岁以上的青少年市场，则对体能、历史文化、社交与协作的训练，有更专业的需求。"滑雪+教育""冰雪+教育"的跨界产品也是冰雪文化"内生性"增长的重要推动因素。

二、冰雪旅游产生的社会经济背景

随着经济的发展和收入的提高，人们的生活水平提高，对旅游娱乐的需求也越来越高，其中包括冰雪旅游。冰雪旅游作为一种高端、时尚的旅游方式，逐渐受到游客的青睐。冰雪旅游需求的增加也带动了旅游业的发展。随着冰雪旅游市场的不断扩大，越来越多的酒店、餐饮企业、旅游景点和旅游设施也得到了发展和建设，从而推动了当地或全国经济的发展。冰雪旅游带来的就业机会和周边旅游消费也为经济增长注入了新动力。人们对旅游消费的需求也在不断升级，冰雪旅游这种高品质和多元选择的消费形式，对于推动整个旅游行业的升级提升起到了明显的促进作用。总的来说，经济发展和消费升级为冰雪旅游的发展提供了有利的条件和机遇，冰雪旅游也逐渐成为一个成长中的产业。

（一）政策支持与基础设施建设

政策支持和基础设施建设是冰雪旅游产业发展的关键，对该产业的发展趋势影响很大。2021年文化和旅游部、国家发展改革委、国家体育总局印发《冰雪旅游发展行动计划（2021—2023年）》（以下简称《行动计划》），《行动计划》提出，到2023年，推动冰雪旅游形成较为合理的空间布局和较为均衡的产业结构，助力2022北京冬奥会和实现"带动三亿人参与冰雪运动"目标，打造一批高品质的冰雪主题旅游度假区。具体来说，政策支持和基础设施建设对冰雪旅游有以下影响：

拓展资料2.1

1.促进了冰雪旅游业的发展

在政策支持下，冰雪旅游业得到了政府的重视和扶持，企业和个人投入冰雪旅游行业的积极性也提高了。政府出台各种优惠政策，包括税收减免、土地及资源优先利用、贷款担保等，大大鼓励了冰雪旅游产业的发展和壮大。

2.提升了旅游基础设施和服务水平

政府实施基础设施建设、旅游设施建设等对于冰雪旅游的发展也有极大的影响。例如，政府对冰雪场地进行建设和改造，建设高速公路、铁路、机场等交通基础设施，这些设施为冰雪旅游提供了保障。同时，政府及相关机构针对冰雪旅游开展了许多相关的培训，以提高从业者的服务水平，进一步提升了游客体验。

3.推动了冰雪旅游业的转型升级

政策支持和基础设施建设也有助于促进冰雪旅游业的结构转型和产业升级。政府出台政策鼓励企业和个人投资新型冰雪旅游产品和服务，推动行业转型和发展，同时鼓励冰雪旅游企业关注环保和可持续发展，达到更高的产业智能化和专业化水平。

（二）科技进步与创新

现代科技的进步为冰雪旅游的发展提供了有力支撑。例如，冰雪运动器材的不断创新和改进，使得冰雪运动更加安全、便捷；同时，互联网和大数据技术的应用也为冰雪旅游的推广和营销提供了新的手段。科技进步和创新为冰雪旅游带来了许多重要的影响和推动作用，提升了旅游体验，改善了旅游服务，创新了旅游产品，加强了可持续发展意识和节能环保意识，为旅游业未来发展描绘出了更广阔的发展前景。

1.提升了旅游体验

随着科技的不断进步，各种新技术和新装备不断涌现，对冰雪旅游产生了很大的影响。包括智能设备、虚拟现实、增强现实、无人机等各种高科技手段，可以帮助游客更好地体验雪景，提升游客的旅游感受和参与度。

2.改善了旅游服务

拓展资料2.2

科技进步以及创新技术的应用，推动了冰雪旅游服务水平的提高。例如，在冰雪场地的管理上应用智能化手段，如人流量监测和安全监控系统等技术，大幅提高了服务效率和质量。

3.促进了旅游业务模式创新

科技进步和创新不仅是产品研发的必要因素，更是构建新业务模式的重要途径，例如，以自驾游、乡村旅游为主题的个性化旅行，以及雪季停车、在线预订、导引智能语音查询系统等创新性的业务模式。

4.推动了旅游行业的数字化和智能化

科技进步和创新也是推动冰雪旅游产业数字化和智能化的技术基础。雪场智能化系统、旅游行业数字化和在线营销、停车智能化等，进一步提高了整个旅游行业的效率和智能程度。

5.推进了冰雪旅游的可持续发展

随着节能环保意识的不断提高，科技进步和创新正在推进冰雪旅游产业的可持续发展。在技术方面，包括冰雪场地施工的绿色技术、环保雪具的应用和管理方面的控制和优化等，均有助于提高冰雪旅游的可持续性。

（三）消费水平提高与休闲需求增加

随着全球经济的发展，消费者的收入水平普遍提高，这直接导致了休闲需求的显著增加。在现代社会中，休闲已成为人们生活的重要组成部分，冰雪旅游作为一种新兴的休闲方式，越来越受到消费者的青睐。人们不仅追求物质享受，更加注重精神和身体的放松与愉悦。冰雪旅游正好满足了这种需求，成为冬季休闲的一种理想选择。

1.中产阶层的崛起

近年来，中产阶层的迅速增长是推动消费水平提高的主要因素之一。中产阶层通常拥有较高的可支配收入，他们更愿意投资于体验型消费，如旅行和休闲活动。冰雪旅游正好满足了这一需求。许多家庭选择在冬季外出滑雪或享受其他冰雪活动，成为家庭休闲的一部分。这种趋势不仅促进了冰雪旅游市场的快速增长，也带动了相关产业的发展，如酒店、餐饮和交通等。

2.健康意识的增强

随着生活水平的提高，消费者对健康的关注也在增加。现代人越来越重视身体锻炼和心理健康，冰雪运动，如滑雪和滑冰，既能锻炼身体，又能带来愉悦感，成为人们寻找健康生活方式的一种新选择。这种健康意识的增强促使更多人参与冰雪旅游，享受冬季运动带来的身心愉悦。此外，冰雪旅游也提供了远离城市喧嚣、亲近自然的机会，进一步吸引了消费者。

3.旅游产品多样化

随着消费者需求的变化，冰雪旅游产品日益丰富和多样化。从传统的滑雪课程到冰雪美食节、冰雕展览等，各种活动层出不穷，满足了不同年龄段和兴趣爱好的游客。旅游经营者通过创新和多样化的产品设计，吸引了更广泛的受众群体。此外，结合当地文化特色的冰雪旅游活动，也使得游客能够享受独特的体验，从而提升了冰雪旅游的吸引力。

4.社交媒体的影响

社交媒体的普及极大地改变了人们的消费习惯和决策过程。如今，越来越多的消费者在选择旅游目的地时，会参考朋友和网络上的评价与推荐。冰雪旅游通过社交媒体平台展示美丽的雪景和刺激的冰雪活动，吸引了大量年轻游客的关注。此外，社交媒体还使得游客能够分享自己的冰雪体验，形成良性循环，进一步推动了冰雪旅游的热潮。这一现象不仅提升了冰雪旅游的知名度，也促进了消费者对冰雪旅游的兴趣和参与度。

第三节　冰雪旅游的发展

一、冰雪旅游在世界的发展

冰雪旅游业是旅游业的重要组成部分，国外冰雪旅游业发展较早，形成了完善的经营体系和制度环境，在冰雪旅游业发展的过程中，既有成功的经验，也有失败的教训，其发展模式和成功经验给我国冰雪旅游业的发展和研究带来了借鉴作用。国外的冰雪旅游以滑雪旅游为主，大致经历了4个阶段，包括初始阶段、发展阶段、扩张阶段和升级阶段。20世纪60年代欧洲、北美洲、亚洲等区域滑雪旅游业进入快速发展阶段。具体阶段见表2-1。

表2-1　　　　　　　　　世界滑雪旅游产业发展阶段[①]

发展阶段	发展时间	重点区域	阶段特点
第一阶段：以运动为主、旅游为辅的初始阶段	19世纪中叶—20世纪20年代	瑞士、奥地利、意大利等	依附于山村滑雪场，设施简陋
第二阶段：滑雪、冰雪旅游相融合的发展阶段	20世纪30年代—20世纪60年代	欧洲和北美洲	20世纪20年代，滑雪和冰雪旅游紧密结合起来。20世纪40年代中期，冰雪旅游成为北美和欧洲居民休闲和旅行的重要方式。20世纪60年代，滑雪运动开始蓬勃发展
第三阶段：扩张阶段	20世纪70—80年代	日本、韩国、智利、阿根廷	20世纪70年代是市场和产品的扩张时期。20世纪80年代则是产业的巩固期

[①] 石玲，李淑艳，程兆豪，等. 国际滑雪旅游业发展模式研究［J］. 北京林业大学学报，2013，12（3）：75-80.

续表

发展阶段	发展时间	重点区域	阶段特点
第四阶段： 多样化升级发展 阶段	20世纪90年代 至今	全世界范围内	既保留了第一、第二阶段滑雪运动的乡村风格，又提供了第三阶段现代化的基础设施和服务，全方位满足旅游者四季旅游度假的需求

二、冰雪旅游在欧洲的发展

欧洲冰雪旅游发展较早，历史悠久，在冰雪旅游业发展中占据着霸主地位。欧洲具备优越的自然条件，在气候和地形方面对发展冰雪旅游业非常有利。欧洲的冰雪旅游区域主要分布在阿尔卑斯山区、西欧、北欧等地，由于受海洋影响，气候温暖湿润，对于发展冰雪旅游业非常合适。阿尔卑斯山脉海拔3 000米左右，延绵1 200千米左右，宽度达到300千米左右，山峰常年积雪，为建设滑雪场及进行冰雪运动提供了天然的条件，成为世界著名的冰雪旅游胜地。

（一）瑞士

瑞士的冰雪资源丰富，是世界知名的"冰雪王国"，是欧洲乃至世界的冰雪旅游中心。1787年，日内瓦人索绪尔攀登上欧洲最高峰勃朗峰，开创了冰雪运动的起点。第二次世界大战以后，瑞士大力发展冰雪旅游业，兴建了大批冰雪旅游设施，改善服务条件，促进冰雪旅游业成为瑞士重要的支柱性产业之一。

瑞士拥有48座高山，滑雪旅游度假区有230个，海拔在2 800米以上的冬季滑雪场达到30个之多，冰雪旅游业已经具备相当规模，形成了完善的产业体系。瑞士冰雪旅游业服务体系完备，目前整个产业的发展模式为市场需求型，了解旅游者的需求，根据市场需求导向来提供产品和服务。

在交通方面，瑞士根据自身山国的特点，提出"瑞士——山的故乡"主题旅游口号，推出瑞士卡，持卡人可以实现飞机、火车、缆车"一卡通"，而且16岁以下青少年购票可以得到相当大的优惠。滑雪场的票价体系也根据市场需要，方式十分灵活。在经营项目上，旅游景区会对全年的旅游项目进行系统筹划，印制关于冬季和夏季的旅游宣传手册，除了冰雪旅游项目，还包括高尔夫、蹦极跳跃、洞穴探险、漂流、山地自行车、滑翔伞、乡村度假等旅游形式来吸引游客的参与。在接待方面，考虑到旅游者的喜好，建造了一家一户的小木屋，给旅游者新奇的体验，从而树立了良好的旅游形象。在安全方面，瑞士相关的救援部门随时派巡视员监督、指挥，SUVA 保险公司设立了 12 个雷达，提醒旅游者注意安全。为了防止意外事故发生，景区还配备了直升机救护队，全天 24 小时待命，一旦发生安全事故，直升机立即投入救援。当地政府对冰雪旅游业的支持力度很大，制定了严格的环保措施，不会乱砍森林资源来发展旅游业。瑞士利用冰川融水来造雪，提升了冰雪旅游资源的丰富度，并节约了水资源，在保护当地资源的情况下，促进了瑞士冰雪旅游业的发展。瑞士的冰雪旅游业发展也曾走过弯路，在 20 世纪 40—50 年代，缺乏科学的整体规划，大肆兴建冰雪旅游度假村，导致冰雪旅游业无序发展。后来，冰雪旅游协会成立，与瑞士旅游局合作进行规划设计、开发，形成完整的体系，最终促进了冰雪旅游业的快速发展。

（二）芬兰

芬兰位于欧洲北部，属于发达国家，居民享有高品质生活。芬兰冬季漫长而寒冷，但是芬兰人却利用寒冷的天气和冰雪资源为游客打造出冬季旅游的乐园。芬兰打造出独特的冰雪旅游文化，成为游客趋之若鹜的旅游目的地。为了欢庆冬季的到来，芬兰的居民每年都会建造规模宏大的冰雪城堡，冰雪城堡里有教堂、餐厅、酒吧和画廊等设施，许多世界知名的艺术家都曾在冰雪城堡中展示过自己的才华。本应是冬季的萧条景象，但在灯光与声效的冰雪艺术作品中，人们得到了精神的升华。

此外，芬兰的极地冰雪之旅还可以让旅游者了解北极萨米人的拉普兰文化，体验芬兰传统桑拿浴，参观北极圈里的圣诞老人村，乘坐爱斯基摩犬雪橇，进行冰雪垂钓，乘坐破冰船，体验波罗的海的破冰之旅和冰海沉浮。由于独特的气候条件和特殊的历史，芬兰形成了极富北欧特色的民族文化，并不断传播自己的传统文化。芬兰人非常热情好客，让旅游者充分感受到芬兰的地域文化。芬兰冰雪旅游业的发展，不仅促进了芬兰经济的发展，同时也通过冰雪旅游文化带动地域文化的传播，加强了当地居民与旅游者的沟通和交流。

（三）挪威

挪威是北欧国家，位于斯堪的纳维亚半岛西部，以其冰雪景区及特色的冰雪旅游产品吸引了全世界的旅游爱好者，冰雪音乐会、冰雪运动、冰雪艺术品等各种特色的项目体现了冰雪的魅力。挪威的冰雪旅游业不仅在经济和文化方面发展迅速，也非常关注环境和生态，处处体现对生态环境的保护力度，把破坏程度尽量降到最低。例如，挪威的冰雪旅馆，用冰雪堆砌而成，未用一石一木，在春季天气变暖的时候，只要断了电，拆掉烟雾探测器，雪水重新回到湖里，基本不会污染到环境。

此外，在挪威利勒哈默尔举行的第十七届冬奥会开创了"绿色冬奥会"的先河。在利勒哈默尔冬奥会的筹办过程中，组委会发起了20多个可持续发展项目，在场馆建设等方面尽可能确保环保和可持续性，废物处理和野生动物保护都被考虑在内，如冬奥会需要修建一座大型的冰球馆来满足比赛的需要，但是冰球馆建在地表的任何地方，都会造成生态环境的破坏。为了避免对环境造成伤害，挪威人绞尽脑汁，终于想到了最好的办法。建筑师决定在大山的"肚子"里修建冰球馆，把霍尔山的"肚子"挖开，建了一个长91米、宽61米、高23米的山洞，打造成一个可以容纳5 800余人的冰球馆，并附带一座小型游泳馆，既满足了比赛的需要，又保护了地表植物的完整，成为利用和保护环境的典范。只利用不保护或只保护不利用，轻保护重利用或轻利用重保护，都不是促进可持续发展的有效方式。要实现经济效益与社会效益的双赢，必须走利用与保护并重之路。受"绿色的冰雪运动会"的影响，以后举办的多届奥运会和冬奥会，都强调了环境保护的原则、理念和思想。而这届冬奥会被萨马兰奇称赞为"绿色冰雪奥运"。此后，《奥林匹克宪章》增加了环境保护条款，历届奥运会申办城市都开始注重"绿色奥运"问题。

（四）法国

法国位于欧洲西部，旅游业是法国的支柱性产业之一。法国平均每年接待外国游客可达 8 200 多万人次，其旅游业收入在国内生产总值中占据约 7% 的比重。法国是滑雪天堂，每年冬季有大量的游客到法国享受冬季的假期。除了拥有得天独厚的冰雪旅游资源，旅游景区还在经营中不断改善旅游设施、服务质量。法国拉普拉涅滑雪场面积达到 100 平方千米，拥有滑雪道 134 条，雪道总长达到 225 000 米，最长雪道达到 15 000 米，海拔最高达到 3 250 米，海拔最低为 1 250 米，可以满足滑雪旅游者进行速度超过 80 千米/小时的快速滑行，带给游客不一样的感受。为满足旅游者多样的需求，滑雪场还专门设计了国际比赛夜场的场地，准备了 105 个缆车，可以将 70 000 余名游客送到山顶。滑雪场有专门的教练，而且教练大多是经验丰富、擅长多国语言的滑雪高手，为旅游者提供周到的服务。除了现有冰雪旅游产品外，法国还注重把法国文化、法国历史、法国人的生活方式通过拍摄视频的方式播出，让游客体会到法国的与众不同。法国政府极其重视对冰雪旅游资源的开发和保护，把对资源保护问题作为政府的重要职能，从资金、政策和税收方面给予大力支持。据统计，法国每年在旅游资源保护方面的开支约 200 亿欧元。为了发展冰雪旅游业，法国设立了五个重要的旅游管理机构：法国旅游局、法国旅游工程规划署、国家旅游研究所、国家度假支票管理局、法兰西之家。其中，法国旅游局、法国旅游工程规划署、国家度假支票管理局、国家旅游研究所负责制定具体的政策方针并开展旅游评估工作，法兰西之家负责旅游业的宣传促销工作，专门进行冰雪旅游的形象塑造，根据不同游客设计不同的线路。法国的冰雪旅游业之所以成功，在于政府、居民、相关产业的相互配合，以及社会的共同努力，值得其他国家借鉴。

（五）意大利

意大利位于欧洲南部，旅游业高度发达，每年可以吸引上千万游客来这里旅游，并给当地带来就业机会，促进当地经济发展。意大利全境拥有非常多的风光旖旎的山区，全年都是理想的旅游季节。春天适合欣赏美术、历史及文化；夏天的海滨沙滩是最美丽的，7—8 月可欣赏到罗马等地举行的野外歌剧和音乐会；秋天是欣赏美术、探访历史遗迹的好时节；冬天可以享受滑雪的快乐，各地也纷纷上演歌剧。

意大利拥有悠久的冰雪运动传统，阿尔卑斯山脉，尤其是多洛米蒂山为人们提供了天然的冬季运动场地。每年冬季，意大利北方城市经常会举办大区、全国乃至国际性的冬季体育赛事，赛事细化到成年、青年、少年等不同年龄段和滑雪、滑冰、冰球等不同项目。

三、冰雪旅游在北美洲的发展

北美洲是冰雪旅游业的后起之秀，依靠冰雪资源已经打造出众多的冰雪旅游产品，尤其是滑雪旅游项目，10%以上的冰雪旅游者会选择参与滑雪运动。20世纪60年代，冰雪旅游业依靠政府政策的支持和鼓励而迅速发展起来。由于地理位置和资源条件，北美洲冰雪旅游业发展较好的国家是美国和加拿大。

（一）美国

美国位于北美洲北部，属于多元文化和多元民族的国家。美国冰雪旅游业的重点是滑雪项目，多年来，依靠政府和企业的努力，美国的滑雪区逐渐增多，20世纪30年代滑雪区只有4个，60年代达到600个，旅游者的数量也开始增加，带动了经济的增长。随着冰雪旅游业的发展及完善，美国的冰雪旅游业开始发生改变，20世纪90年代，冰雪旅游业开始出现并购模式。中等规模的滑雪度假区的住宿条件和服务设施不够完善，经营起来越来越困难，最后导致这些中等规模的滑雪度假区被大型滑雪度假区吞并。而一些小型的滑雪度假区由于面对的目标人群不同，主要接待当地居民和学习滑雪的游客，反而经营得比较好。

美国滑雪度假区的旅游项目除了滑雪项目外，还包括雪地自行车、攀冰、橡皮圈滑雪、高山过山车、雪地摩托、雪地钓鱼、温泉疗养等项目，拓展了滑雪度假区的旅游项目。美国冰雪旅游业的服务非常周到，注重细节和人性化服务，在旅游者排队过程中，为了减少等待的枯燥，会穿插一些暖场表演。旅游企业非常关注旅游者安全，采取企业和企业合作的方式，加大对安全设施的投资，为旅游者提供安全保证。同时，美国冰雪旅游业还加强培养旅游专业人员，政府帮助中小型旅游企业开展业务经营，为旅游企业提供必要的信息，加强旅游从业人员的业务培训，扩大中小型旅游企业的融资渠道。

（二）加拿大

加拿大以其广阔的地域和丰富的自然景观而闻名于世。从东部的广袤森林到西部的雄伟山脉，再到北部的冰川和冻土，无不展现出大自然的壮丽与神奇。此外，加拿大还拥有众多的湖泊和河流，如五大湖之一的安大略湖，以及著名的圣劳伦斯河等，吸引了无数游客前来观光旅游。

加拿大拥有天然的冰雪资源，每年的11月开始下雪，隔年的4至5月冰雪消融，因此加拿大有半年的时间是被冰雪包围的，成为旅游者趋之若鹜的冰雪旅游胜地。加拿大以冰雪建筑著称的魁北克冰雕塑主题公园，参观人数众多，称得上"世界之最"。首都渥太华的冬季节庆活动——冰雪狂欢节于1970年创办，内容丰富，包括冰船之旅、冰雕展、滑雪表演、冰上曲棍球表演、冰上马车比赛、雪塑等，吸引了成千上万的冰雪旅游爱好者。

在冰雪旅游期间，音乐会和舞会也同期举行，体现了冰雪旅游的艺术性。雕刻家将艺术展现在巨型的室外博物馆中。在冰雪旅游业发展中，加拿大政府采取不干预政策，完全是市场化运作，所有的旅游企业都是私人经营。政府的主要职能是对加拿大旅游市场进行统计和分析，为旅游企业提供信息服务及人员培训的信息。在冰雪旅游业的发展过程中，加拿大采用信息畅通的方式，时时刻刻为旅游者提供必要的信息。在交通方面，则非常便利，有多种档次且价格不贵的交通工具可供选择，满足了旅游者的需求。

四、冰雪旅游在亚洲的发展

亚洲冰雪旅游业起步稍晚，近年来也开始呈现出蓬勃发展的态势，但由于较为相似的经济社会背景，冰雪旅游产品方面略有雷同。但是在冰雪旅游模式方面还是存在着一定的区别，相对于日本和韩国，我国的冰雪旅游业发展较晚。

（一）日本

日本北海道札幌雪节自 1950 年在大通公园始创，1962 年开辟了第二会场——真驹内会场（2005 年关闭，由新开设的 TSUDOMU 会场代替），1983 年设立第三会场——薄野会场。前两个会场以雪雕为主，薄野会场以冰雕为主。札幌雪节由札幌市政府、札幌旅游协会、札幌市教育委员会和札幌市商工会议所主办，下设执行委员会负责运营。执行委员会由主办单位代表、企业代表和市民代表组成。雪节每年 2 月初举办，截至 2000 年已举办 60 届，每届展期由最初的 1 天发展到 7 天（1987 年的第 38 届开始），接待游客 200 万左右人次（最高为 2001 年的第 52 届，接待游客 234.4 万人次），旅游收入超过 300 亿日元，约合 21 亿元人民币。日本札幌雪节，主要由政府出资，而且门票免费，没有市场化的运作机制。虽然在运行过程中有民间资本的介入，但民间资本只是捐助性质的。札幌冰雪节（Snowing Festival）是日本北海道札幌市的传统节日，始于 1950 年，在每年最冷、雪最多的 2 月的第一个星期举行，到星期日为止，为期 5 天。札幌冰雪节与哈尔滨冰雪节、加拿大魁北克冬季狂欢节和挪威奥斯陆滑雪节并称世界四大冰雪节。从 1950 年首届仅有 6 个雪雕的小型活动发展至今，札幌冰雪节已经成长为全球瞩目的大型国际性节日。它不仅是对冬季之美的庆祝，也是展现当地人创造力和热情的一个窗口。

每届札幌冰雪节都邀请雕刻家创作众多的雪雕和冰雕，作品的内容丰富多彩。为扩大札幌市在国际上的影响力，从 1973 年开始，增设国际雪像比赛，邀请世界各地的代表队参加。各国参赛选手雕塑有本国特点的冰雕和雪雕，争夺流动优胜旗。"国际雪像比赛"是一次很好的国际交往，在雕塑雪像期间，各代表队用本国美味食品热情招待在冰天雪地里同甘共苦的各国代表，呈现出国际大家庭的气氛。

札幌冰雪节同样是普通市民的节日，每年在真驹内广场都会为孩子们雕塑一个大型雪制滑梯，塑造各种各样的神话故事，千姿百态的人物和珍禽异兽，蒸汽机车和雪橇马车等。冰雪节期间还会开办"雪与科学""雪与生活""雪与气象""雪与健康"等专题图片展览，向人们介绍有关雪的知识。

（二）韩国

韩国位于亚洲东北部，是新兴的发达国家。在冰雪旅游业发展中，韩国非常注重品牌发展，实现绿色经营，制定了严格的准入制度。与欧美国家和地区相比，韩国冰雪旅游业在旅游人数和旅游收入方面都有一定的差距，2011年韩国具备一定规模的滑雪场只有17家，但是韩国在冰雪旅游业方面严格遵循品质化发展道路，不盲目追求冰雪景区的数量扩张。韩国冰雪旅游业使用的设备以进口为主，住宿场所的设施也比较完备。在冰雪旅游景区的开发方面，韩国政府制定了严格的准入制度，开发土地和规划都受法律法规的严格约束。在品牌和宣传方面，韩国投入了大量的资金，并且在每个游客集散地都放置冰雪旅游景区的品牌标志。韩国冰雪旅游业注重环保和可持续发展，规划时以集聚和集中为主导，尽量节省资源。冰雪旅游业产生的废物由专门的垃圾处理公司处理，污水处理达到标准后才可以对外排放，真正做到了低碳、环保。同时，冰雪旅游景区每年都有义务植树的计划，防止水土流失，同时绿化景区周围环境，对韩国冰雪旅游业品牌的树立起到了推动作用。同时，韩国交通便利，为冰雪旅游业的发展提供了良好条件。韩国拥有八大主要铁路干线，公路、航空、海运等交通也非常便利，满足了旅游者的交通需求。另外，韩国还很重视将冰雪旅游产品和民族文化相融合，无论是冰雪景区还是纪念品都能够向旅游者展示韩国悠久历史和传统文化，从而提升了冰雪旅游资源及产品的附加价值，对旅游者产生了强烈的感染力。

❄ 本章小结

本章主要对人类古代冰雪运动、冰雪旅游的产生、冰雪旅游的发展等基本知识进行了介绍。通过对世界范围内冰雪旅游发展、冰雪旅游的历史演变和现状的研究，可以培养全球视野，增强对不同文化和地区的了解以及跨文化交流能力，同时也可更加深入地了解不同地区的文化传统和发展轨迹。

❋ 即测即练

❋ 思考题

1.人类古代冰雪活动分为哪几个方面？

2.简析政策支持和基础设施建设对冰雪旅游业发展的影响。

3.世界冰雪旅游业发展分为哪几个阶段？请从发展阶段、发展时间、重点区域和阶段特点进行概述。

第三章

冰雪旅游资源

　　要贯彻绿水青山就是金山银山、冰天雪地也是金山银山的理念，落实和深化国有自然资源资产管理、生态环境监管、国家公园、生态补偿等生态文明改革举措，加快统筹山水林田湖草治理，使东北地区天更蓝、山更绿、水更清。要充分利用东北地区的独特资源和优势，推进寒地冰雪经济加快发展。

　　——2018年9月28日，习近平总书记在沈阳市主持召开深入推进东北振兴座谈会时的讲话

❋ 知识目标

1. 掌握冰雪旅游资源的概念及内容。
2. 熟悉冰雪旅游资源的分类及特征。
3. 了解冰雪旅游资源概念演变历程。
4. 熟悉冰雪旅游资源概念演变的原因。
5. 掌握冰雪旅游开发模式的概念与影响因素。
6. 掌握国内外冰雪旅游开发模式对比分析。
7. 了解冰雪旅游开发的未来发展趋势。

❄ 能力目标

1.掌握并提升对冰雪旅游资源的认知和评估能力，以便在实际工作中能够准确识别和评估各种冰雪旅游资源的价值和潜力。

2.熟悉冰雪旅游开发模式，以便能够在实践中有效地开发和利用冰雪旅游资源。

3.了解冰雪旅游发展趋势，增强对其发展的敏感性和预见性，以便能够及时把握市场变化和行业动态，调整和优化冰雪旅游产品和服务。

❄ 思政目标

1.熟悉冰雪旅游资源的相关理论，培养学生对冰雪旅游行业的热爱和责任感，树立正确的职业观和服务意识，自觉地为推动冰雪旅游事业的发展贡献力量。

2.掌握冰雪旅游开发模式的相关知识，加强学生的道德修养和文化素养，培养文明旅游的习惯，倡导绿色发展和环保理念，促进人与自然的和谐共生。

3.了解冰雪旅游资源开发未来发展趋势的相关知识，引导学生树立正确的世界观、人生观和价值观，增强民族自豪感和国家意识，弘扬中华优秀传统文化，讲好中国故事。

❄ 思维导图（知识架构图）

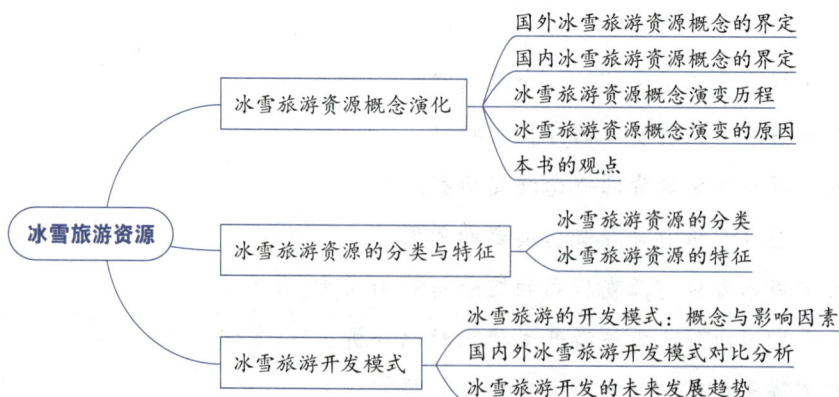

		国外冰雪旅游资源概念的界定
	冰雪旅游资源概念演化	国内冰雪旅游资源概念的界定
		冰雪旅游资源概念演变历程
冰雪旅游资源		冰雪旅游资源概念演变的原因
		本书的观点
	冰雪旅游资源的分类与特征	冰雪旅游资源的分类
		冰雪旅游资源的特征
	冰雪旅游开发模式	冰雪旅游的开发模式：概念与影响因素
		国内外冰雪旅游开发模式对比分析
		冰雪旅游开发的未来发展趋势

❄ 导入案例

民俗美食冰雪赋能　延边冬季旅游热度持续攀升

入冬以来，东北大地成为文旅"顶流"。千峰覆雪，冰封万壑，依托丰富的冰雪旅游资源、优质的政府服务和延边人的热情，延边州冬季冰雪旅游热度持续攀升。

延边州在主打"民俗牌"和"美食牌"的同时，将绚烂绮旎的冰雪资源融入其中，制定内容丰富的冰雪旅游线路及产品，让"长白天下雪　吉美在延边"的印象深入人心。据州文广旅局局长介绍："延边位于北纬42度世界'三大'粉雪带上，雪期长，雪质好，延边敦化老白山原始生态风景区传承着东北林区文化的缩影，可以深度体验冰钓冬捕、雪地摩托、冬日漂流、驯鹿打卡、马拉爬犁、极地野雪、雪地足球、速度滑冰等，丰富多彩的冰雪项目，让你还可以体验到我们独特的关东文化过大年，三国互动迎新年，朝鲜族上元节等文化特色浓郁的冰雪节庆。"

"冰雪热"蕴藏着东北振兴、吉林发展的大机遇，州委、州政府和百姓，都对"宠好"外地游客、搞活本地消费充满信心。

资料来源　吉林省政府网. 民俗美食冰雪赋能 延边冬季旅游热度持续攀升．[EB/OL]．[2024-01-11]．http://whhlyt.jl.gov.cn/dfwhxx/202401/t20240111_8862504.html.

案例思考题：

1. 延边州冰雪旅游资源的特色是什么？

2. 延边州在"冰雪+"方面有哪些创新？

第一节　冰雪旅游资源概念演化

冰雪旅游资源作为旅游活动开展的重要载体，具有独特的魅力和吸引力，其魅力不仅在于冰雪景观的美感，更在于其与地方文化、经济发展的紧密关系。近年来冰雪旅游资源在国际上备受关注，吸引了众多国内外专家、学者进行深入研究。冰雪旅游资源作为旅游领域的一个重要分支，其概念在国内外都经历了不断的发展和演变。

一、国外冰雪旅游资源概念的界定

在国际上早期的冰雪研究中，冰雪旅游资源被定义为自然界提供的具有观赏价值和人文价值的冰雪景观和活动。随着研究的深入，其定义逐渐扩展到包括冰雪运动、冰雪文化、冰雪娱乐等多元化的内容。国外学术界普遍认为冰雪旅游资源的概念是一个不断发展和演化的过程，分类方式也应该随着旅游业的发展而不断调整。如 Sven-Erik Jenssen 所著的《冰雪旅游资源：概念、发展历程与案例研究》，该书对冰雪旅游资源的概念进行了系统阐述，并对发展历程进行了全面的回顾。

国际上关于冰雪旅游资源概念的研究涉及多个方面，这些研究为深入了解和有效利用冰雪旅游资源提供了重要的理论和实践指导。未来，随着旅游业的发展和全球气候变化的影响，对于冰雪旅游资源的研究将更加深入和全面，以促进其可持续发展的目标实现。

二、国内冰雪旅游资源概念的界定

在国内，学者们对于冰雪旅游资源概念的界定主要从自然属性、资源开发价值和广义与狭义定义等方面展开。

（一）自然属性定义

一些学者从冰雪资源的自然属性出发，对其概念进行界定。他们认为，冰雪旅游资源是指在一定气候条件下形成的，以固态形式存在的降水，包括冰川、雪、冰雹等。这些资源具有独特的物理和化学属性，如低融点、透明度等，使得它们在旅游、工业、农业等领域具有广泛的应用价值。这种定义方式突出了冰雪旅游资源的自然特点，为其开发和利用提供了基础。赵焕焱所著的《冰雪旅游资源学》是国内首次出版的系统研究冰雪旅游资源的书籍，其中对冰雪旅游资源的概念、分类、评价等进行了详细的阐述。

（二）资源开发价值定义

另一些学者则从冰雪旅游资源的开发价值角度进行定义。他们认为，冰雪旅游资源是指在特定的气候和地形条件下形成的，具有观赏、体验、休闲等功能的自然资源。这些资源的开发能够为旅游业、冰雪运动等领域提供丰富的资源和市场潜力。这种定义方式强调了冰雪旅游资源的经济和社会价值，突出了其在旅游和冰雪运动领域的重要性。赵传燕和黄克义所著的《中国冰雪旅游资源开发研究》，以系统论的观点，分析了中国冰雪旅游资源的类型、特色和优势，并对资源评价进行了系统的阐述。

（三）广义和狭义定义

在广义和狭义定义方面，国内的众多学者对于冰雪旅游资源的概念也有不同的看法。

广义上，冰雪旅游资源是指所有与冰雪相关的自然资源、人文资源和经济社会资源。这包括冰川、雪峰、冰河等自然景观，也包括与冰雪相关的历史文化遗产、民俗文化等人文资源。

狭义上，冰雪旅游资源则主要指以冰雪为主要构成要素的自然景观和活动，如滑雪、滑冰等。这种定义方式突出了冰雪资源在不同领域的应用和价值，有助于更好地认识和利用这些资源。

综上所述，国内学者对于冰雪旅游资源概念的界定呈现多元化的特点，这些定义方式各有侧重，但都强调了冰雪旅游资源的独特性和重要性。此外，冰雪旅游资源概念的界定还需要进一步的研究和实践，以适应不断变化的市场需求和行业发展态势。

三、冰雪旅游资源概念演变历程

冰雪旅游资源的概念演变历程是一个充满历史厚重感和时代印记的过程，

它随着人类社会的进步和旅游业的蓬勃发展而逐渐丰富和完善。这一演变过程大致可以分为初期阶段、发展阶段和成熟阶段三个阶段。

（一）初期阶段

在早期，冰雪旅游主要集中在北欧和北美地区的寒冷地带，那时的冰雪旅游，以自然冰雪景观的观赏和冰雪运动（如滑雪、滑冰等）为主。此时，冰雪旅游资源的概念较为狭窄，主要关注自然资源，侧重于冰雪自然景观本身，以及与之相关的运动体验。

（二）发展阶段

随着全球旅游业的蓬勃发展，冰雪旅游也进入了发展阶段。在这一阶段，冰雪旅游资源的概念得到了进一步的拓展和深化。除了自然资源外，冰雪旅游开始更多地融入文化、设施和服务等元素。各地区根据自身的地域特色和文化底蕴，开发出了丰富多彩的冰雪旅游项目。同时，冰雪旅游设施的建设也得到了极大的提升，包括滑雪场、冰雪酒店等的建设和完善，为游客提供了更加舒适和便捷的旅游体验。

（三）成熟阶段

如今，冰雪旅游已经成为全球旅游的重要组成部分，其概念也日趋完善。冰雪旅游资源不再仅仅局限于自然资源、设施和服务，更加注重生态环境的保护和可持续发展的理念。在冰雪旅游的开发和运营过程中，人们开始更加注重与自然环境的和谐共生，以及对于当地文化的传承和发展。同时，冰雪旅游也与其他产业进行了深度的融合，如体育、文化、农业等，形成了多元化的旅游产品和服务。

可以说，冰雪旅游资源的概念演变历程是一个不断拓展和深化的过程。它不仅反映了人类对于冰雪旅游的认知和需求的变化，也体现了旅游业在不断发展和进步的过程中对于资源的合理利用和保护的重视。随着科技的进步和社会的发展，冰雪旅游的未来将会更加广阔和美好。

四、冰雪旅游资源概念演变的原因

冰雪旅游资源作为旅游业的一个重要组成部分，其概念随着社会经济的发展、技术的进步和旅游需求的变化而不断演变。以下是冰雪旅游资源概念演变的主要原因：

（一）社会经济发展

随着全球社会经济的不断发展，人们的生活水平得到了显著提高，消费观念也随之发生巨大变化。冰雪旅游作为一种独特的、高品质的旅游产品，逐渐受到人们的青睐，成为现代旅游业的重要支柱。经济的发展为冰雪旅游提供了更好的物质基础，人们对冰雪旅游的需求也不断增加，从而推动了冰雪旅游资源的开发和利用。

（二）技术进步

技术进步为冰雪旅游资源的开发和管理提供了更多的可能性，如人造雪、室内滑雪场等，同时为冰雪旅游资源的开发提供了重要的支撑。在过去的几十年中，冰雪旅游产业的技术创新不断涌现，例如冰雪运动装备的改进、冰雪旅游设施的现代化、冰雪旅游交通的便利化等。这些技术进步为冰雪旅游提供了更好的条件，使冰雪旅游资源得到了更充分、更高效的利用，进一步推动了冰雪旅游的发展。

（三）旅游需求变化

随着旅游业的发展，游客的旅游需求也在不断变化。现代游客更加注重旅游体验的品质和个性，他们渴望能够体验到独特的、与众不同的旅游产品。冰雪旅游资源因其独特的魅力，满足了游客对于新鲜、刺激、探索的需求，成为现代旅游业中备受欢迎的旅游产品。同时，游客对于冰雪旅游产品的需求也推动了冰雪旅游资源的进一步开发和完善。

综上所述，社会经济发展、技术进步和旅游需求变化是推动冰雪旅游资源概念演变的主要原因。随着这些因素的持续发展，冰雪旅游资源的概念将继续演变，以更好地满足游客的需求，促进旅游业的发展。

五、本书的观点

冰雪旅游资源是指自然界和人类社会凡能对旅游者产生吸引力，可以为冰雪旅游业开发利用，并可产生经济效益、社会效益和环境效益的各种以冰雪为主要载体的事物和因素都可视为冰雪旅游资源。这些资源包括自然形成的冰雪景观、冰雪运动与活动、人文冰雪文化等。随着旅游业的发展，冰雪旅游资源的概念不断拓展，其涵盖的范围也越来越广泛。

第二节　冰雪旅游资源的分类与特征

冰雪旅游资源是冰雪旅游的核心要素，其分类和特征对于深入了解和有效利用这些资源至关重要。只有通过科学合理地分类、认识和理解其特征，并采取有效的措施，才能更好地保护和利用冰雪旅游资源，推动冰雪旅游产业的可持续发展。

一、冰雪旅游资源的分类

为了更好地管理和利用冰雪旅游资源，有必要对其进行细致的分类，这不仅有助于深入了解这些资源的本质和特性，更能为旅游规划提供重要的参考。冰雪旅游资源作为大自然和人类智慧的结晶，其分类标准应充分考虑到资源的自然属性和人文属性，以及其在旅游活动中的实际应用价值。本书从资源类型、资源品质、资源规模和资源特色四个方面来对冰雪旅游资源进行分类。

（一）资源类型

从资源类型来看，冰雪旅游资源主要可以划分为自然冰雪旅游资源和人文冰雪旅游资源两大类。

1.自然冰雪旅游资源

自然冰雪旅游资源包括高山雪景、冰川、冰河、雪原等自然景观，以及冰雪气候、冰雪水文等自然现象。这些资源未经人为加工，具有原生态的自然美，是开展冰雪观光、户外探险等旅游活动的良好基础。

2.人文冰雪旅游资源

人文冰雪旅游资源指由人类创造和开发出来的冰雪景观和设施，包括冰雪运动场馆、冰雪文化设施、冰雪主题公园等。这些资源是人类社会文化和经济发展的产物，具有较高的娱乐性和参与性，是开展冰雪运动、冰雪娱乐等旅游活动的重要载体。

值得一提的是，自然冰雪旅游资源和人文冰雪旅游资源并不是孤立的，它们在实际应用中往往相互融合、相互补充。比如，在自然雪景中设置滑雪道、雪地摩托等运动设施，既保留了自然风光的原始美，又增加了游客的参与性和娱乐性。同样，在人文冰雪资源中融入自然元素，如冰雪主题公园中的自然景观和动物等，也能为游客带来更加真实和生动的冰雪体验。

（二）资源品质

资源品质作为衡量冰雪旅游资源价值的重要指标，对于确定旅游资源的吸引力、观赏价值和文化内涵具有关键性作用。对于冰雪旅游资源而言，其品质分类不仅有助于我们更好地了解资源的层次和差异，更能为旅游规划和开发提供科学依据。其分类标准如下：

1.世界级

这类冰雪旅游资源品质极高，通常具有一定的国际知名度和影响力，能够吸引大量国际游客前来观赏和体验。以吉林省的长白山为例，作为中国十大名山之一，它地处高纬度地区，冬季漫长且雪量大、雪期长、雪质好，为冰雪旅游提供了丰富的资源基础。长白山以其雄奇壮丽的山脉风光和世界级的粉雪资源而广受赞誉。每年冬季，这里都会吸引数以万计的游客前来滑雪、赏雪，成为国内外知名的冰雪旅游胜地。

2.国家级

这类冰雪旅游资源品质高，具有很高的国内知名度和影响力。相对于世界级冰雪旅游资源而言，国家级冰雪旅游资源的知名度和影响力主要集中在国内。这些资源通常具有独特的冰雪景观和丰富的文化内涵，能够满足游客对于冰雪旅游的需求。例如，我国的各大滑雪场（如吉林北大湖滑雪场、万科松花湖度假区、长春妙香山滑雪场、哈尔滨亚布力滑雪场、辽宁辽阳的弓长岭滑雪场等）和各类冰雕展，不仅为滑雪爱好者和游客提供了优质的滑雪和冰雪观赏体验，还融入了丰富的地域文化和民俗特色，成为吸引游客的重要景点。

3.省级

省级冰雪旅游资源品质较高，在区域范围内具有一定的影响力。这些冰雪旅游资源通常位于某些特色地域或城市，具有较高的知名度和观赏价值。这些地方性的冰雪景区和冰雪旅游活动在当地的经济发展中起到了积极的推动作用，同时也为游客提供了多样化的冰雪旅游选择和体验。

4.市级

市级冰雪旅游资源品质一般，知名度相对较低。这些资源主要是一些地方性的冰雪旅游娱乐设施和冰雪体验活动，虽然规模较小，但也能为当地居民和旅游者提供一定的冰雪娱乐和休闲场所。

（三）资源规模

资源规模，作为衡量冰雪旅游资源的重要维度之一，它直接关系到旅游产品的丰富程度、承载能力以及市场影响力。掌握冰雪旅游资源的规模分类，有助于我们更加精准地把握资源开发的潜力和方向。其分类标准如下：

1.大型

大型冰雪旅游资源以其庞大的规模和广泛的影响力，成为引领冰雪旅游发展的重要力量。这类资源往往具备完善的设施、丰富的旅游项目和较高的服务质量，能够满足大量游客的多样化需求。例如，大型滑雪场通常拥有多条不同难度等级的滑雪道，以及专业的滑雪教练和救援团队，为游客提供安全、刺激的滑雪体验。以哈尔滨亚布力滑雪场为例，亚布力滑雪场原名"风力滑雪场"，成立于1980年，是我国第一个滑雪胜地。经过多年的扩建和发展，亚布力滑雪场已经成为亚洲最大的滑雪场，雪质优良，雪道丰富多样。滑雪场拥有初级道16条，中级道10条，高级道5条，总长度超过万米，满足不同滑雪者的需求。其中，初级道长度在200~900米，坡度为12°~16°；中级道长度在400~1 000米，坡度为20°~30°；高级道长度在500~1 000米，坡度为30°~45°。

此外，亚布力滑雪场还提供专业的滑雪教练团队，为游客提供滑雪教学服务，帮助初学者提高滑雪技能。滑雪场内的配套设施也十分完善，包括滑雪器材租赁服务、餐饮和住宿等，为游客提供便捷舒适的滑雪体验。

同时，冰雪主题公园则以其独特的冰雪景观和娱乐设施，吸引了大量家庭和青少年游客。其资源规模大，范围广，影响力强。如哈尔滨冰雪大世界、长春冰雪新天地等。其中长春冰雪新天地以冰雪为主题，展示了丰富多样的冰雪活动和体验。园区有冰滑梯、冰雪情缘园区、冰雪欢乐岛等多个区域，提供各种冰雪娱乐项目，如滑冰、滑雪、雪上摩托车等，让游客在冰雪世界中尽情享受运动的乐趣。同时，景区还结合冰雪文化，开展各种冰雪主题活动和表演，如冰雪雕塑展、冰雪灯光秀等，为游客带来独特的冰雪文化体验。

2. 中型

中型冰雪旅游资源虽然规模不及大型资源，但其特色鲜明，具有一定的影响力。这类资源往往是地方文化、历史与自然风光的完美结合，为游客提供别样的旅游体验。例如，一些地方性的冰雪景区可能依托当地的自然景观或民俗文化，打造出独特的冰雪旅游品牌，吸引了一定数量的游客前来游览。

3. 小型

小型冰雪旅游资源虽然规模较小，但同样具有其独特的价值。这些资源主要是一些小型冰雪设施或冰雪旅游活动，虽然影响力有限，但却为当地居民和旅游者提供了近距离接触冰雪文化的机会。此外，小型冰雪旅游资源在推动地方经济发展、提升居民生活质量等方面也发挥着积极作用。

（四）资源特色

资源特色是冰雪旅游发展的核心竞争力，它涵盖了自然景观、地域文化、冰雪活动以及设施与服务等多个方面。这些特色不仅让冰雪旅游资源显得独特且差异化，还为其注入了创新的活力，使其在市场上更具吸引力。其分类标准如下：

1.自然景观特色

包括壮观的雪景、冰川、冰河、雪原等自然景观，这些资源本身就具有很高的观赏价值和吸引力。如新疆的天山山脉和阿尔泰山脉以其独特的冰河景观吸引着无数冰雪游客。这些自然景观特色的存在，不仅让冰雪旅游资源具备了独特的观赏价值，还为其赋予了深厚的自然内涵。

2.地域文化特色

地域文化特色也是冰雪旅游资源的一大亮点。不同的地域有不同的冰雪文化，这些文化特色和冰雪资源的结合，可以形成具有地域特色的冰雪旅游资源，如东北的冰雕、雪灯，新疆的滑雪等。在中国东北，冰雪文化源远流长，冰雕、雪灯等艺术形式成为冰雪旅游的重要组成部分。每年冬季，哈尔滨都会举办冰雪主题的活动，各种形态各异的冰雕和雪灯作品让游客仿佛置身于一个梦幻的冰雪王国。新疆的冰雪文化也具有独特的魅力，当地的滑雪活动和冰雪节庆活动都融入了浓厚的民族风情，让游客在享受冰雪乐趣的同时，也能感受到浓厚的地域文化氛围。

3.冰雪活动特色

冰雪活动特色也是冰雪旅游资源的重要组成部分，包括各种冰雪运动、冰雪娱乐活动，如滑雪、滑冰、雪地摩托等，这些活动具有较强的参与性和体验性，还能让游客在运动中感受到冰雪的魅力，是冰雪旅游的重要组成部分。在中国的一些著名滑雪场，如亚布力滑雪场和长白山滑雪场，游客可以尽情享受滑雪带来的乐趣。同时，一些冰雪旅游目的地还推出了雪地徒步、雪地瑜伽等新型冰雪活动，让游客在体验中感受到冰雪旅游的创新和多元。

4.设施与服务特色

设施与服务特色也是提升冰雪旅游体验的关键，包括各种冰雪旅游设施和服务的特色，如冰雪酒店、冰雪度假村、冰雪旅游交通等，这些设施和服务可以提升游客的旅游体验和满意度。冰雪酒店、冰雪度假村等特色住宿设施让游客在享受冰雪美景的同时，也能感受到舒适和温馨。同时，一些冰雪旅游目的地还提供了便捷的交通服务和周到的旅游咨询服务，让游客的旅行更加顺畅和愉快。

综上所述，冰雪旅游资源的分类可以从多个方面进行考虑。上述分类标准不仅有助于科学评估和管理冰雪旅游资源，还为开发者和游客提供了清晰的方向，有助于行业的可持续发展。通过这些分类，我们能够更全面地了解和利用各种类型的冰雪旅游资源，推动国内冰雪旅游产业的进一步发展。在未来，随着冰雪旅游产业的不断发展和创新，冰雪资源的类型将会得到进一步的挖掘和展现，为游客带来更加精彩和难忘的冰雪之旅。

拓展资料3.1

二、冰雪旅游资源的特征

冰雪旅游资源是一种独特的旅游资源，它以冰雪为主要载体，通过各种冰雪活动和体验，吸引着广大的旅游者。与其他旅游资源相比，冰雪旅游资源具有以下几个方面的特征：

（一）地域性特征

冰雪旅游资源主要分布在高纬度地区和山区，这些地区的气候条件适合冰雪的形成和保持。例如，欧洲的阿尔卑斯山脉、北美的落基山脉、亚洲的喜马拉雅山脉等地区，都是著名的冰雪旅游胜地。在这些地区，冬季的雪景、冰川、冰瀑等景观吸引着大量的游客前来观赏和探险。

（二）季节性特征

冰雪旅游资源的季节性特征非常明显，主要集中在冬季。在冬季，雪景、冰雕、冰灯等各种冰雪活动和体验吸引着广大的游客前来。而在其他季节，这些冰雪景观和活动则可能消失或减少，因此冰雪旅游的季节性对旅游者的出行计划也有很大的影响。

（三）生态性特征

冰雪旅游资源的生态性特征主要体现在冰雪景观的形成和维护上。在自然状态下，冰雪景观的形成需要一定的气候条件和地理环境。而在冰雪旅游资源的开发和利用过程中，也需要注重对环境和生态的保护，避免对环境和生态造成破坏。同时，游客在欣赏冰雪景观和参与冰雪活动时，也需要遵守相关规定和要求，保护环境和生态。

（四）文化性特征

拓展资料3.2

冰雪旅游资源的文化性特征也非常明显。在不同的国家和地区，冰雪景观和活动都有着不同的历史和文化背景。例如，北欧地区的维京文化、俄罗斯的冰雪运动文化、中国的冰灯文化等，都有着独特的文化内涵和魅力。游客在欣赏冰雪景观和参与冰雪活动时，不仅可以领略到美丽的自然风光，还可以了解当地的历史和文化。

（五）体验性特征

冰雪旅游资源以其独特的自然景观和气候条件，为游客提供了丰富的感官体验。无论是晶莹剔透的冰雕、洁白无瑕的雪地，还是寒冷刺骨的空气，都能给游客带来强烈的视觉冲击和触觉感受。游客可以通过各种冰雪活动和体验来感受冰雪的魅力和乐趣，例如，滑雪、滑冰、雪地摩托、雪橇、雪地徒步等各种冰雪体验活动。与冰雪亲密接触，不仅增强了游客的参与感和互动性，也丰富了游客的旅游体验。冰雪旅游资源的体验性还体现在其能够引发游客强烈的情感共鸣上。冰雪世界的纯净和美丽，往往能够触动游客内心深处的情感，让游客在欣赏美景的同时，也能感受到心灵的净化和放松。这些体验性特征使得冰雪旅游资源具有很大的吸引力和市场前景。

（六）可持续性特征

冰雪旅游资源的可持续性特征也是其重要的特征之一，

一方面，冰雪旅游资源具有再生性，每年能够自然恢复，为旅游活动持续供给；另一方面，冰雪文化具有传承性，使冰雪旅游资源在传承创新中提升内涵与吸引力，支撑冰雪旅游产业的发展。但冰雪旅游资源的可持续性需建立在科学合理的开发规划、重视生态环境保护等前提下。

综上所述，冰雪旅游资源具有地域性、季节性、生态性、文化性、体验性和可持续性等特征。这些特征使得冰雪旅游资源具有很大的吸引力和市场前景，同时也需要我们在开发利用过程中注重保护和可持续发展。

第三节　冰雪旅游开发模式

一、冰雪旅游的开发模式：概念与影响因素

冰雪旅游作为一种独特的旅游形式，越来越受到人们的喜爱和关注。而开发冰雪旅游不仅需要有丰富的冰雪资源和人才储备，更需要有清晰的理念和模式，以确保资源能够得到有效利用、市场得到合理开发，以及环境保护和可持续发展得到保障。

（一）冰雪旅游开发模式的概念

冰雪旅游开发模式是指通过一系列的规划、设计和实施过程，将冰雪资源转化为具有吸引力和市场竞争力的旅游产品，从而实现冰雪旅游产业的可持续发展。

（二）冰雪旅游开发模式的影响因素

1.资源定位

资源定位是冰雪旅游开发模式的关键之一。它包括确定冰雪资源的类型、特色和优势，以及其在市场中的竞争地位。资源定位需要充分了解和评估当地的冰雪资源，包括冰川、雪峰、冰河等自然景观，以及冰雪运动、民

俗文化等人文资源。通过合理的资源定位,可以更好地制定开发策略和产品规划。

2.市场分析

市场分析是冰雪旅游开发模式的重要环节。它是指对目标市场的需求、消费习惯和趋势进行深入了解和分析。通过市场分析,可以确定冰雪旅游产品的目标客户群体,以及产品定位和特色。同时,市场分析还可以为设施建设、品牌塑造和营销策略提供依据。

3.设施建设

设施建设是冰雪旅游开发模式的基础。它包括建设冰雪运动场地、度假酒店、交通设施等,以满足游客的食宿、娱乐和交通需求。设施建设需要充分考虑游客的需求和市场的发展趋势,确保设施的品质和可持续性。同时,设施建设还需要与当地的生态环境相协调,避免对环境造成破坏。

4.品牌塑造

品牌塑造是冰雪旅游开发模式的重要组成部分。它包括通过品牌定位、形象设计和传播策略等手段,树立冰雪旅游目的地的品牌形象和市场影响力。品牌塑造需要突出冰雪旅游的独特性和吸引力,同时还要与当地的文化和价值观相融合。通过成功的品牌塑造,可以提高游客的忠诚度和目的地的知名度。

5.社区参与

社区参与也是冰雪旅游开发模式的关键之一。它包括引导当地居民参与冰雪旅游的开发和管理,共享冰雪旅游带来的经济利益,同时提高居民对冰雪旅游的认知和支持度。社区参与有助于增强冰雪旅游目的地的社会凝聚力,促进可持续发展。通过让当地居民参与到冰雪旅游的开发和管理中,可以增强他们对旅游发展的认同感和归属感,从而提高他们保护和传承当地文化和资源的积极性。同时,社区参与还有助于加强目的地的竞争力和吸引力,提升冰雪旅游的长期效益。因此,在冰雪旅游的开发模式中,应当充分重视社区参与的作用,积极引导和鼓励当地居民参与到冰雪旅游的发展中来。

6.政策支持与法律法规保障

政策支持与法律法规保障是冰雪旅游开发的重要保障措施,包括制定和完善相关政策、法律法规和标准体系等。通过政策支持和法律法规保障，可以创造良好的营商环境和投资条件，吸引更多的社会资本参与冰雪旅游的开发和建设。同时，也有助于规范市场秩序，保护消费者权益，推动冰雪旅游产业的健康发展。

7.环境保护与可持续发展

环境保护与可持续发展是冰雪旅游开发的必要条件，需要注重对当地生态环境的保护和资源的可持续利用。通过合理的规划和管理，确保冰雪旅游的发展与环境保护相协调，实现经济、社会和环境的共赢。

二、国内外冰雪旅游开发模式对比分析

冰雪旅游作为旅游市场的一种重要形式，在国内外都得到了广泛的关注和发展。各个国家和地区在冰雪旅游开发方面都有各自的模式和特点，其中一些模式被公认为权威和成功的。下面将对国内外一些典型的冰雪旅游开发模式进行对比分析，探讨其特点和优势，为国内冰雪旅游的发展提供借鉴和启示。

（一）国内冰雪旅游开发模式

在国内，冰雪旅游开发已经逐渐形成了一些具有代表性的模式，其中一些模式在实践中取得了显著的成功。下面将重点介绍国内冰雪旅游开发的几种典型模式，分析其特点和优势。

1.依托自然资源模式

这种模式主要是依托当地的自然冰雪资源，通过建设冰雪景区、开发冰雪活动等方式来吸引游客。这种模式的优点是可以充分利用当地的资源优势，成本较低，易于实现。但同时，这种模式对自然条件的依赖性较强，如果自然条件发生变化，可能会对景区的经营造成影响。

在国内，依托自然资源模式的典型代表是哈尔滨冰雪大世界。该景区依托松花江的冰封期，建设和开展了各种冰雪景观和冰雪活动，成为国内外著名的冰雪旅游胜地。每年一度的哈尔滨冰雪节吸引了大量游客前来观赏和参与，为当地经济带来了巨大的收益。

2.城市冰雪文化模式

这种模式主要是通过打造城市冰雪文化，将冰雪元素融入城市的文化、艺术、体育等各个方面，以此来吸引游客。这种模式的优点是可以提高城市的知名度和美誉度，促进城市的文化发展。但同时，这种模式需要投入大量的人力、物力和财力，建设周期较长。

在国内，城市冰雪文化模式的冰雪旅游品牌，吸引了大量游客前来体验。典型代表是长春冰雪节。长春市作为国内著名的冰雪旅游城市，通过多年的努力，打造了独具特色的城市冰雪文化。在长春冰雪节期间，游客可以欣赏到各种冰雪景观、参与各种冰雪活动，还可以品尝到当地的美食。长春冰雪节已经成为国内著名的冰雪旅游节庆活动。

3.乡村冰雪休闲模式

这种模式主要是利用乡村的冰雪资源，开发冰雪休闲项目，吸引游客前来体验和度假。这种模式的优点是可以促进乡村经济的发展，提高农民收入。但同时，这种模式需要投入大量的资金和人力，同时需要有完善的基础设施和服务体系作为支撑。

在国内，乡村冰雪休闲模式的典型代表有吉林雾凇岛等。雾凇岛位于吉林省吉林市，因其独特的地理位置和气候条件，每年冬季都会出现美丽的雾凇景观。当地政府利用这一资源优势，开发了各种冰雪休闲项目，吸引了大量游客前来观赏和度假。同时，当地还通过举办各种冰雪文化活动，进一步提高了雾凇岛的知名度和美誉度。

综上所述，国内冰雪旅游开发的典型模式主要包括依托自然资源模式、城市冰雪文化模式和乡村冰雪休闲模式。这些模式的成功之处在于充分利用了当地的资源优势、突出了地方特色、注重了游客体验和服务质量、加强了市场营销和宣传推广等方面。未来，随着国内冰雪旅游市场的不断扩大和发展，这些模式将会得到更加广泛的应用和推广。同时，也需要加强创新和合作，推动冰雪旅游产业的可持续发展。

（二）国外冰雪旅游开发模式

1.阿尔卑斯模式

阿尔卑斯山脉是欧洲著名的冰雪胜地，其冰雪旅游开发模式被公认为具有权威性。该模式注重基础设施建设和服务质量提升，为游客提供全方位的滑雪度假服务。同时充分挖掘地方文化资源，将当地民俗融入旅游产品中，提高旅游的文化内涵。

2.北海道模式

北海道是日本著名的冰雪旅游地，其开发模式以多元化和精致化为特点。除了传统的滑雪项目外，还推出雪雕、雪地摩托、雪上垂钓等多样化活动，满足不同游客的需求。同时注重产品和服务质量，力求在细节上做到完美。

3.科尔蒂纳丹佩佐模式

科尔蒂纳丹佩佐是意大利的著名滑雪胜地，其模式以生态保护和可持续发展为核心理念。该地区在发展冰雪旅游的同时，注重保护环境，限制过度开发，确保资源永续利用。同时鼓励当地居民参与旅游业，保障社区利益。

（三）国内外冰雪旅游开发模式小结

国内外权威的冰雪旅游开发模式虽然在形式和特点上存在差异，但都注重资源优势的发挥、产品和服务质量的提升以及地方文化的挖掘。不同模式适用于不同国家和地区的情况，需要根据自身条件和发展阶段进行选择和创新。在国内外成功模式的经验中，我们可以看到以下几点共性：

1.充分利用资源优势

无论是国内还是国外的典型模式，都充分利用了当地的冰雪资源优势。这些优势包括自然冰雪资源的丰富性、地形条件的适宜性等。通过充分发挥资源优势，可以打造出独具特色的冰雪旅游产品，吸引更多游客前来体验和消费。

2.提升产品和服务质量

国内外成功的冰雪旅游开发模式都非常注重产品和服务质量的提升。这包括硬件设施的建设、服务流程的优化以及服务人员素质的提高等方面。只有提供高品质的产品和服务，才能满足游客的需求和期望，提高游客满意度和忠诚度。

3.挖掘地方文化资源

在国内外成功的冰雪旅游开发模式中，都注重挖掘地方文化资源，将冰雪旅游与地方文化相结合。这种结合不仅能丰富冰雪旅游产品的文化内涵，提高其吸引力，还能促进地方文化的传承和发展。同时，通过文化的挖掘和传播，还能提高地方品牌的知名度和美誉度。

4.可持续发展的理念

在国内外权威的冰雪旅游开发模式中，都贯穿了可持续发展的理念。无论是资源利用、环境保护还是社区参与等方面，都注重可持续发展原则的落实和实践。通过可持续发展理念的贯彻实施，可以确保冰雪旅游产业的长期稳定发展，实现经济效益和社会效益的双重目标。

综上所述，国内外权威的冰雪旅游开发模式在充分利用资源优势、提升产品和服务质量、挖掘地方文化资源和可持续发展理念等方面具有共性。这些经验和做法可以为国内冰雪旅游的发展提供有益的借鉴和启示。在此基础上，国内冰雪旅游应该根据自身实际情况和发展需求进行创新和完善，形成具有地方特色的开发模式，推动国内冰雪旅游产业的健康可持续发展。

三、冰雪旅游开发的未来发展趋势

（一）产业融合化

冰雪旅游将与相关产业进行深度融合，形成更加完整的产业链。冰雪旅游将与文化、体育、娱乐等领域相互渗透，创造更加丰富的旅游体验，满足游客的多元化需求。

（二）运营全季化

随着冰雪旅游的不断发展，运营周期将逐渐延长，从传统的冬季旺季向全季化运营转变。通过开发春夏秋季节的冰雪旅游产品，吸引游客在非雪季前来体验冰雪旅游，提高旅游目的地的整体收益。

（三）市场年轻化

随着年轻人对冰雪运动的热爱和追求，冰雪旅游市场将逐渐年轻化。未来的冰雪旅游产品将更加注重年轻人的需求和口味，推出更多具有创新性和个性化的产品，吸引年轻人的关注和消费。

（四）主体大众化

随着冰雪旅游的普及和推广，冰雪旅游的主体将逐渐向大众化转变。越来越多的普通民众将参与到冰雪旅游中来，感受冰雪运动的魅力和乐趣。这将推动冰雪旅游市场的规模进一步扩大，为冰雪旅游产业的可持续发展提供强大的动力。

（五）科技应用化

科技在冰雪旅游中的应用将越来越广泛，提高游客的体验和参与度。例如，虚拟现实（VR）、增强现实（AR）、人工智能（AI）等先进技术的应用，将为游客带来更加震撼和生动的冰雪旅游体验。

（六）环保低碳化

环保和低碳发展将成为冰雪旅游的重要趋势。未来的冰雪旅游将更加注重生态环境的保护和资源的可持续利用，推动绿色低碳的发展模式。通过推广环保理念和低碳技术，实现冰雪旅游的可持续发展，确保经济、社会和环境的和谐共生。

（七）国际合作化

随着全球冰雪旅游市场的不断扩大和发展，国际合作将成为未来冰雪旅游发展的重要趋势。各国将在冰雪旅游领域展开广泛合作，共同推动全球冰雪旅游的发展。通过分享经验、资源共享和协同发展，共同提升全球冰雪旅游的竞争力和影响力。

总之，未来冰雪旅游开发模式将不断适应市场需求和发展趋势，不断创新和完善。通过深度产业融合、全季化运营、市场年轻化、主体大众化、科技应用、环保低碳和国际合作等发展路径，冰雪旅游将实现持续健康发展，成为推动全球旅游业增长的重要力量。

❄ 本章小结

旅游资源是冰雪旅游开展的载体。本章介绍了冰雪旅游资源的相关内容，主要包括冰雪旅游资源的概念演变历程及概念的界定、冰雪旅游资源的分类和特征、冰雪旅游开发模式的概念与影响因素、国内外冰雪旅游开发模式对比分析、冰雪旅游开发的未来发展趋势。通过本章的学习，能够对冰雪旅游资源的概念界定、分类、特征以及冰雪旅游开发模式的选择等形成初步的框架。

❄ 即测即练

❄ 思考题

1.阐述冰雪旅游资源的概念，并举例说明冰雪旅游资源的主要类型有哪些。

2.讨论冰雪旅游资源的特征，并分析这些特征如何影响冰雪旅游的开发和规划。

3.描述冰雪旅游开发模式的构成要素，并分析这些要素如何相互作用以实现有效的冰雪旅游开发。

4.分析冰雪旅游资源开发中可能面临的环境保护问题，并提出相应的解决策略。

5.讨论冰雪旅游资源可持续发展的重要性，并探讨如何通过合理的规划和管理来实现这一目标。

第四章

冰雪旅游消费者

　　文化产业和旅游产业密不可分，要坚持以文塑旅、以旅彰文，推动文化和旅游融合发展，让人们在领略自然之美中感悟文化之美、陶冶心灵之美。

　　——2020年9月22日，习近平总书记在教育文化卫生体育领域专家代表座谈会上的讲话

❄ 知识目标

　　1.了解冰雪旅游消费者的基本特征、需求及消费习惯，掌握冰雪旅游市场的现状和发展趋势。

　　2.能够分析冰雪旅游消费者的心理和行为，提升冰雪旅游产品和服务的营销与推广能力。

　　3.培养学生对冰雪旅游行业的兴趣与热情，形成对冰雪文化的尊重与热爱。

❋ 能力目标

1.学会进行冰雪旅游市场调研，收集并分析消费者数据，为产品开发和营销策略提供依据。

2.能够针对冰雪旅游消费者的不同需求，创新设计个性化的旅游产品和服务。

3.在冰雪旅游项目开发和运营过程中，能够与他人有效沟通，协同工作，共同解决问题。

❋ 思政目标

1.增强学生对国家冰雪运动事业和冰雪旅游产业的自豪感和归属感。

2.在冰雪旅游消费者行为的研究中，引导学生深入了解冰雪文化的内涵和价值，传承和弘扬中华优秀传统文化。

3.注重培养学生的社会责任感和公民意识，让他们能够在冰雪旅游产业的发展中贡献自己的力量。

❋ 思维导图（知识架构图）

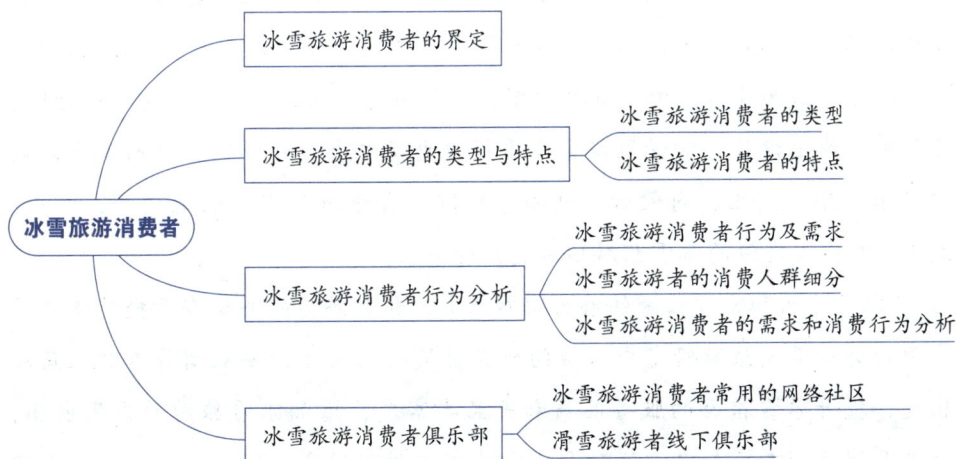

❋ 导入案例

冰雪经济热起来

天气越冷，冰雪越热！到冰天雪地里欣赏冰雪风光、在滑雪板上感受冰雪激情、来冰雪之乡体验冰雪文化……进入冬季，人们对冰雪的热情再次被点燃。

吉林雾凇、哈尔滨冰雕、川藏雪山日出、阿勒泰可可托海雪山峡谷、伊春冰雪温泉……近年来，我国冰雪旅游保持平稳较快增长态势。美团平台大数据显示，2019年下半年雪季期间，全国冰雪旅游产品订单额同比增长8.29%，订单量同比增长14.15%。2020年虽然受到新冠肺炎疫情影响，但在做好疫情防控工作的同时，冰雪旅游实现快速复苏。进入2020年下半年雪季后，全国冰雪旅游产品订单额和订单量同比分别增长13.61%和23.46%。

2021年初，冰雪旅游持续升温。打开各大旅游类APP的页面，冰雪旅游产品让人应接不暇。在携程旅游平台，近期用户搜索的前24个热搜词中，有7个都和"雪"有关。该平台与国家体育总局冬季运动管理中心联合发布的"中国冰雪地图"，收录了全国各地1 000多个冰雪游项目。

美团研究院发布的报告认为，我国冰雪旅游在规模扩大的同时，还呈现一些新特征：一是消费内容向多业态扩展，冰雪旅游与文化旅游、体育旅游等快速融合；二是冰雪乐园、冰雪世界等旅游项目更受消费者青睐，"80后"和"90后"成为冰雪旅游消费主力军；三是消费者在选择冰雪旅游目的地时，更加关注线上评价，对景区服务水平提出更高要求。马蜂窝旅游网发布的数据显示，除了东北、内蒙古、新疆等传统冰雪旅游热门目的地之外，四川、湖南、广东等省份的冰雪旅游项目也广受关注。

"冰雪运动和冰雪旅游的潜力仍然很大，释放潜力的关键在于提升体验。"中国社会科学院旅游研究中心特约研究员吴若山认为，要从消费者需求角度出发，提升冰雪旅游的服务品质和产品丰富度，增加冰雪旅游的文化内涵，让更多消费者在参与冰雪运动和冰雪休闲中收获满意，激发冰雪旅游更大的发展动力。

资料来源：唐志宏，王珂．冰雪经济热起来．［EB/OL］．［2021-01-28］．https：//travel.gmw.cn/2021-01/28/content_34579516.htm.

案例思考题：

1.冰雪旅游如何推动地方经济的发展？

2.冰雪运动和当地的文化有哪些结合点？

3.如何了解冰雪旅游消费者需求？

第一节　冰雪旅游消费者的界定

国外研究很少直接出现"冰雪旅游消费者"这一概念，相关研究多以"冰雪体育者""滑雪旅游者"为主题。在国内冰雪旅游相关研究中，学者们从不同视角出发对冰雪旅游者进行了解读，冰雪旅游者即冰雪旅游消费者，是从旅游研究的角度，对冰雪相关的旅游人群的称谓。本书对冰雪旅游消费者的定义较为宽泛，可以较为全面地概括目前与冰雪资源相结合的旅游活动行为，包括冰雪旅游消费行为与冰雪旅游场景。只要冰雪资源作为旅游者出游的吸引物即可，为了前往异地的冰雪场观看比赛，或前往异地的冰雪场度假或参加会议等。

拓展资料4.1

冰雪旅游者通常会选择前往设有滑雪场、冰雪公园或举办冰雪节庆活动的地区。他们热衷于参与滑雪、滑冰、雪地摩托等冰雪运动，挑战自我，释放激情。在冰雪的覆盖下，他们畅游于银装素裹的山林之间，感受大自然赋予的无限魅力。

除了体验冰雪运动的刺激与乐趣，冰雪旅游者还热衷于探索冰雪文化的内涵。他们可能参观冰雪雕塑展览，欣赏冰雕艺术家们的巧夺天工；参与冰雪主题的民俗活动，感受当地人民的热情与豪迈。

此外，冰雪旅游者还可能关注旅游目的地的环境保护和可持续发展。他们选择支持那些注重生态保护、推广绿色旅游的冰雪景区和度假村，为保护这片纯净的冰雪世界贡献自己的力量。

因此，冰雪旅游者是一群热爱冰雪、追求刺激与体验的游客。他们通过参与冰雪运动和体验冰雪文化，丰富自己的生活经历，提升对自然和文化的认知与理解。同时，他们也致力于保护冰雪旅游资源的可持续发展，为未来的冰雪旅游事业贡献力量。

第二节　冰雪旅游消费者的类型与特点

一、冰雪旅游消费者的类型

国外学者对滑雪产业从旅游者角度进行了大量研究。Greg Richards（1996）分析了英国滑雪市场的"习惯性消费"的旅游动机。David Gilbert（2000）分析了滑雪参与者和非参与者的影响因素。Martin Falk（2008）运用滑雪目的地选择标准对芬兰滑雪旅游者进行了细分，运用因子聚类方法分为6个不同消费者细分市场（被动滑雪者、越野滑雪者、全能型滑雪者、参与高山滑雪以外其他类型的滑雪者、专业运动滑雪者和度假滑雪者6种类型）。

目前国内关于滑雪旅游者的相关研究很少，谷亚茜（2018）从运动生活方式、品牌态度及行为意向三个方面对崇礼滑雪场进行客户细分，把滑雪旅游者分为五个类型，分别是滑雪积极型、非滑雪肯定型、高认可度谨慎型、态度中立好奇型和低认可度怀疑型，每个类型都表现出明显的特征。

本书依据国内冰雪旅游消费市场细分，将冰雪旅游消费者细分为：冰雪运动旅游者、冰雪观光旅游者、冰雪休闲旅游者。

（一）冰雪运动旅游者

冰雪运动旅游者是指那些以参加冰雪运动、观赏冰雪体育活动作为行动目的的旅游活动参与者。根据冰雪运动的分类、运动特性差异、雪场设施和场地要求、技能和训练水平等因素将冰雪运动旅游者分为以下几种：滑雪旅游者、滑冰旅游者、冰球爱好者、其他冰雪运动参与者。滑雪旅游者是冰雪体育运动中最主要的群体，他们参与滑雪活动，可能是初学者或高级滑雪者，对滑雪设施、雪道质量和多样性有较高要求；滑冰旅游者包括花样滑冰和速度滑冰爱好者，他们可能参与冰上运动或观赏相关赛事；冰球爱好者是参与或观看冰球比赛的旅游者，他们可能对冰球运动有特别的兴趣和热情；其他冰雪运动参与者包括短道速滑、冰钓、冰爬犁等其他冰雪运动的参与者。

（二）冰雪观光旅游者

冰雪观光旅游者主要是指那些以观赏冰雪艺术景观、冰雪自然风光为主要目的的旅游者。这类旅游者主要分为自然景观观光者和人文景观观光者，自然景观观光者往往被雪山、冰川、冰海、冰湖、雾凇等自然景观所吸引；他们可能参观冰雕、雪雕、冰灯、冰雪民俗村等人文景观。

（三）冰雪休闲旅游者

冰雪休闲旅游者是指那些以参与冰雪休闲活动、体验冰雪文化为主要目的的旅游者。这类旅游者不仅追求冰雪运动的刺激和乐趣，也注重在冰雪环境中的休闲娱乐和文化体验。这类旅游者具体可分为：

冰雪文化体验者：体验冰雪建筑文化、冰雪饮食文化、冰雪服饰文化等的旅游者。

冰雪节庆参与者：参与冰雪节、滑雪节、冰雕节等节庆活动的旅游者。

冰雪休闲活动爱好者：包括冰雪温泉、冰雪乐园等休闲活动的参与者，这类活动适合亲子互动和家庭娱乐。

二、冰雪旅游消费者的特点

冰雪旅游消费者总体而言具有如下几个特点。

（一）高参与性和体验性

冰雪旅游消费者非常重视旅游活动的参与性和体验性。不仅仅满足于静态观赏冰雪美景，更期望能够亲身参与冰雪运动，在冰天雪地中体验刺激和乐趣。这种参与性和体验性使得冰雪旅游成为一种极具吸引力的旅游形式。

（二）高消费层次和重游率

冰雪旅游消费者尤其是冰雪运动旅游者群体，通常具有较高的消费层次，注重旅游的品质。他们在冰雪旅游中的滞留时间较长，因此带来的旅游消费也较高。此外，冰雪旅游拥有较高的重游率，许多游客会成为回头客，重复消费率较高，尤其是滑雪运动，可能成为许多人的终身爱好。

（三）对资源的依赖性强

冰雪旅游消费者的活动受地理位置和气候条件的限制。从旅游动机来看，消费者往往被冰天雪地的壮丽景观吸引，或者热衷在优质冰雪条件下开展滑雪、滑冰等运动。在旅游决策环节，旅游目的地的雪质、冰雪景观独特性以及冰雪活动设施、冰雪活动等，影响着消费者的选择。在消费体验上，冰雪带来的寒冷触感、视觉享受、运动刺激和文化体验，都是冰雪旅游消费者所追求的。因此，冰雪旅游目的地的资源质量和多样性对于吸引和满足这些消费者至关重要。

第三节　冰雪旅游消费者行为分析

一、冰雪旅游消费者行为及需求

（一）冰雪旅游消费者行为的内涵

一般认为，消费者行为分为两个部分：一是消费者的行为；二是消费者的购买决策过程。消费者的购买决策过程是消费者在使用和处置所购买的产品或服务之前的心理活动和行为倾向，属于消费态度的形成过程；而消费者的行为更多的是购买决策的实践过程。这两部分相互渗透、互相影响，形成消费者行为的完整过程。从冰雪旅游的范畴来研究消费者行为，即冰雪旅游消费者行为，也包括上述两部分内容。

综合以上分析，本书将冰雪旅游消费者行为的定义概括为，冰雪旅游者为满足自身的旅游需要而选择冰雪旅游产品，并通过与冰雪旅游产品互动体验完成购买和消费活动的决策和实践过程。

（二）冰雪旅游消费者行为的特点

1.复杂性

冰雪旅游消费者行为的复杂性主要体现在三个方面。首先，从过程上看，一般产品的消费过程可划分为购买、消费、处置三个明显分离、依序发生的阶段。但是，这三个阶段在冰雪旅游消费过程中并非泾渭分明，购买阶段和消费阶段并没有明显的分界线。其次，从行为上看，冰雪旅游者在消费之前和消费过程中会受到冰雪旅游者动机、感知、学习、态度、个性、经历，以及所处的社会、经济、文化环境等因素的影响。最后，冰雪旅游消费者往往在购买冰雪旅游产品的同时就开始评估冰雪旅游经历，并在整个消费过程中以及消费之后继续评估自己的冰雪旅游经历，而不是像有形产品消费者那样，在使用产品之后才开始评估产品。而且，冰雪旅游消费者对冰雪旅游消费的评估往往夹杂着主观性较强的感情因素。此外，与有形产品相比，大多数冰雪旅游消费过程中都不存在处置阶段。因此，冰雪旅游消费者行为是一个复杂的过程。

2.多样性

随着人们生活需要的多样化和复杂化，冰雪旅游消费者进行冰雪旅游活动的目的千差万别，驱使冰雪旅游消费者行为的旅游动机也各不相同。因此，人们选择的旅游形式和进行旅游购买的形式也是千差万别的。不同形式的冰雪旅游活动必定有不同的购买水平、购买范围和购买结构，所购买的冰雪旅游产品也大不相同。另外，不同冰雪旅游者的冰雪旅游动机可能相同，但由于受其他主观因素或客观条件的制约，冰雪旅游消费者行为也不尽相同。

（三）冰雪旅游需求的概念

人们为什么要旅游？这涉及旅游消费者行为的动因。随着社会的发展和人们生活水平的提高，人们对高层次的生活水平和生活方式的需要越来越强烈，这种需要已经成为人们旅游最基本、最核心的内在动因。要了解冰雪旅游消费者行为，就必须首先了解冰雪旅游消费者的需要。冰雪旅游动机产生于冰雪旅游需要与旅游目标相遇之时，是冰雪旅游消费者行为的动力源泉。因此，研究冰雪旅游消费者的需要，可以揭示人们进行旅游活动的内在动力，有助于更深刻地理解冰雪旅游消费者行为。

人的需要是多种多样的，旅游需要是人的一般需要在旅游过程中的反映。旅游者开展旅游活动，是满足自身需要的方式之一。冰雪旅游需求是指冰雪旅游者或潜在冰雪旅游者感到某种缺乏并力求获得心理满足而产生的一种心理状态，即对冰雪旅游的愿望和要求。也就是说，冰雪旅游需求是个体的一种主观上的愿望和要求，这种主观态度是人们对客观条件（包括个体内在的生理条件和外部的社会条件）需求的反映，会受到社会经济条件的限制。例如，某个南方人想在冬天去吉林旅游，这个需要是他个人的主观愿望，但这个愿望并不是凭空产生的，可能是因为冬季的寒冷促使他想找一个冰天雪地的地方度假，寒假的闲暇时间和经济条件更进一步促使他产生这一需要。内在生理条件和外在社会条件对人共同刺激，最终产生了旅游需求。

（四）冰雪旅游需求的特点

人的需要是一个复杂的现象，人们既希望需要保持单一性，又追求复杂多样性。因此，旅游需要包含着一对矛盾的需要，即单一性需要和复杂性需要。

1.冰雪旅游需要的单一性

单一性需要是指人们在各种活动中总是寻求平衡、和谐、相同、可预见性和没有冲突的需要满足。任何非单一性都会使人产生心理紧张。因此，个体为减轻心理紧张，便会寻求单一性需要。由于需要的单一性，冰雪旅游者一般会选择非常著名的冰雪旅游景点去旅游，选择那些知名度高并能提供标准化服务的滑雪度假区，参加自己熟悉的或传统的娱乐活动等，因为这些知名滑雪度假区、冰雪休闲活动能够让冰雪旅游者预见自己所接受的服务，会避免不愉快的事件和风险。按照冰雪旅游需要的单一性规律，在冰雪旅游活动的过程中，冰雪旅游者不希望遇到意料之外的情况。

2.冰雪旅游需要的复杂性

复杂性需要是指人们对新奇、出乎意料、变化和不可预见性事物的追求和向往。人的生活是复杂多样的，过于单一刻板的生活并不能给人带来满足，会使人感到厌倦，使人在心理上感到紧张和不安。因此，人们既追求需要的单一性，又渴望需要的复杂性，希望自己的生活更加丰富多彩，期待通过生活中的复杂事物给自己带来心理上的更多满足和愉悦。

根据需要复杂性理论，冰雪旅游者愿意去以前从未去过的地方，选择与众不同的冰雪旅游方式去接触他从未接触过的人和事情，做一些他过去未曾有过的举动，而著名的饭店、众所周知的旅游景点所提供的单一性和可预见性太多了，令冰雪旅游者感到厌倦。这类旅游者希望得到与他过去不同的经历，获得全新的刺激和与众不同的感觉，从而获得心理上的满足。

冰雪旅游消费者的旅游需要，主要从两个方面影响冰雪旅游动机。一是冰雪旅游需要影响冰雪旅游动机的强度。冰雪旅游者的需要越迫切，冰雪旅游动机的强度越大，反之，冰雪旅游动机的强度越小，对冰雪旅游行为的推动力也越小。二是冰雪旅游需要影响冰雪旅游动机的指向性。冰雪旅游需要总是要求一定冰雪旅游对象来满足，冰雪旅游动机推动冰雪旅游者把行为指向能满足冰雪旅游需要的目标对象（冰雪旅游目的地）。

本书认为，影响冰雪旅游消费者度假需求的因素包括所在区域的经济收入及其生活消费的变化、休闲时间与安排、消费者偏好的变化、消费者居住地与目的地的文化差距、经济距离与度假成本、服务质量和季节性因素等。同样，这些因素也限制了冰雪旅游消费者对冰雪旅游的需求。

冰雪旅游需求从根本上决定了冰雪旅游购买行为。冰雪旅游购买行为是冰雪旅游产品购买者在收集冰雪旅游产品有关信息的基础上选择、购买、消费、评估冰雪旅游产品过程中的各种行为表现。通过分析冰雪旅游购买行为，可以把握冰雪旅游购买者的行为特征，更好地为他们服务。

二、冰雪旅游者的消费人群细分

深入研究冰雪旅游者是实现冰雪市场可持续发展目标的必要前提，而吸引客户、保持客户并充分挖掘客户才是冰雪市场提高竞争力的核心。通过分析冰雪旅游消费者对冰雪市场的多种需求、消费能力、市场规模等，及时地为不同客户提供多样化的项目和体验，并在此基础上开发符合不同客户群的冰雪项目，对市场更有针对性。由于冰雪旅游消费者在年龄、性别、收入和喜爱偏好等方面存在着差异，所以不同的冰雪客户对于服务的需求也存在差异。因此，客户细分就成为企业在竞争激烈的情况下实现目标的关键步骤。在《市场细分与定位》一书中，作者詹姆斯提出，客户细分又被称作市场细分，这个概念来自市场营销学，它的提出大大地促进了公司的发展，做出的贡献是巨大的。只有有效合理地细分客户，公司才能最大范围地节省营销成本，同时，为了实现差异化的结果，提供差异化和有针对性的服务，以最大限度地增加客户参与度。

下面详细介绍冰雪旅游市场消费者细分的方法。

（一）按消费者人文因素进行市场细分

旅游者的人文因素特点可以表现在很多方面，如年龄、性别、收入、职业、受教育程度等。

1.按年龄

消费者在不同的年龄阶段，由于生理、性格和爱好的变化，对旅游产品的需求往往有很大的差别，因此，可按年龄范围细分出许多各具特色的旅游者市场。

年轻人思想开放，接受新鲜事物能力强，学习能力强，因此，该年龄段的人群参与冰雪娱乐较多。冰雪运动爱好者的消费年龄集中阶段相同，均集中在36~55岁。该年龄段的消费者，不论是生活还是家庭、事业都已稳定，在经济上相对宽松，业余时间也比较多。

以滑雪旅游为例，25~35岁这一阶段运动爱好者比技术体验型旅游者少，原因是后者需要具有较高的冰雪技术，而较高的滑雪技术需要投入大量的时间和金钱，并且反复练习，因此，不难理解这一年龄段中滑雪运动爱好者的百分比远低于娱乐式体验型旅游者和技术体验型旅游者的百分比。56岁以上的滑雪运动爱好者要比技术体验型旅游者多，再次证明技术体验型旅游者对于冰雪运动不仅仅是简单的喜欢，更多的是痴迷冰雪这项运动。

根据中国旅游研究院的研究数据显示，2021—2022年冰雪季参与冰雪旅游的用户中，女性占比较大，约占总人数的68%；而在冰雪旅游消费偏好度上，男性TGI指数达到了120，这意味着，男性更愿意为高品质的冰雪旅游买单。值得注意的是，2021—2022年冰雪季参与冰雪旅游的"00后""90后"人群总数占比约60%，相较于2020—2021年冰雪季增长了2个百分点，年轻群体参与冰雪旅游的比例逐渐提升，冰雪旅游呈现"年轻化"趋势。

2.按性别

在对产品的需求、购买行为、购买动机、购买角色方面，两性之间有很大差别。例如，参加探险旅游的多为男性，而女性外出旅游时则更注重人身财产安全；公务旅游以男性为主，家庭旅游时间和旅游目的地的选择也一般由男性决定，在购物方面女性通常有较大的发言权；在购买旅游产品时，男性通常对价格反应较迟钝，而女性则较敏感。

参与滑雪运动的性别特征是男多女少。滑雪运动技术越高、痴迷程度越深，性别比例差距越大。娱乐体验者刚刚接触冰雪运动，好奇心理占据主流地位，不论男女都想尝试冰雪运动、体验冰雪运动带来的快乐。这种体验者是在初级雪道做简单的尝试，难度系数不大，因此，冰雪娱乐体验者的男女性别比例差距最小。技术体验型旅游者和滑雪运动爱好者对冰雪技术及雪道有更高的要求，这两类人群中男性在冰雪运动方面的优势凸显。

3.按收入与消费频率

人们收入水平的不同，不仅决定其购买旅游产品的性质，还会影响其购买行为和购买习惯。在调查中发现，冰雪娱乐体验者以休闲娱乐为主要动机参与冰雪运动，每个雪季参与滑雪1次、一次1天的居多。冰雪运动爱好者大多以个人爱好为主要动机，绝大多数发烧友每个雪季参与滑雪2~3次、每次3~8天，其中4~5天的最多。

中国旅游研究院的研究数据显示，在冰雪旅游主要开销上，旅行者愿意在住宿、滑雪、温泉上花更多钱，住宿消费在整体旅居花销中占比达24%左右，其次是滑雪花销，占比为19%左右，温泉花销占比为16%左右。近年来，我国冰雪旅游发展迅速，在"三亿人上冰雪"口号的引导下，冰雪活动的受众已经不仅限于冰雪运动爱好者和一般的冰雪爱好者。滑雪、泡温泉已成为每年冰雪季里大众最喜爱的娱乐休闲活动。2021—2022年冰雪季，从马蜂窝预订的滑雪旅游消费中，约四成旅行游客人均消费在5 000元以上，其中20%的人均消费在万元以上。这表明，爱滑雪的"热血青年"，舍得为更优质的住宿、更有特色的美味佳肴以及更高品质的滑雪体验买单。

（二）按消费者心理因素进行市场细分

所谓按心理因素细分，就是按照消费者的生活方式、态度、动机等心理因素来细分旅游市场。

1.按生活方式

生活方式是指人们如何打发时间（活动），他们认为什么比较重要（兴趣），他们对自己及其所处环境的看法（态度）。生活方式是人们生活和花费时间及金钱的模式，是影响旅游者的欲望和需要的一个重要因素。

2.按态度

它是指根据旅游者对企业及其产品和服务的态度进行分类并采取相应的营销措施。例如，对于"我曾听说过某雪场，但我并不真正了解它"之类持中间态度的旅游者，应通过提供详细资料来大力开展有说服力的促销活动。

对于"某雪场是最好的"之类持积极态度的旅游者，应利用持续的促销活动和与旅游者签订合同的办法加以巩固；对于"某雪场比另外某处差"之类持消极态度的旅游者，要改变其态度是较困难的，应把促销工作做细，并改进产品质量，提升企业形象。一般来说，企业放弃"消极态度"的细分市场是合适的，因为企业进行市场细分，并不是要企业利用一种营销努力来满足所有旅游者群体的要求。

中国旅游研究院的研究数据显示，在参与冰雪旅游的消费者中，有约39%的消费者渴望和志同道合的朋友结伴出行，显著高于和朋友结伴参与自驾游、周边游、红色旅游的比例，可见，冰雪旅游活动是当代年轻人非常喜爱的社交型娱乐休闲活动。此外，约28%的消费者选择和孩子一起踏上冰雪之旅，情侣冰雪游玩占比为18%左右，一个人出发的"独行侠"占比为13%左右。从出行游玩天数来看，2021—2022年冰雪季0-3天的轻旅行占比48%左右，其中1天内的旅行较2020—2021年冰雪季增长约5%，2~3天的旅行较2020—2021年冰雪季增长约11%。不必舟车劳顿，在近郊也能玩出新花样，"呼朋引伴"一起玩遍周边滑雪胜地，寒冷的冬天里和闺蜜享受康养温泉，周末带娃去公园滑冰，已经成为时下非常流行的冰雪旅游方式。

3.按消费动机

消费动机的形成受制于一定的文化、社会传统、社会阶层、地区经济、相关群体、家庭角色地位等因素。根据冰雪运动的自身特色，消费者参加冰雪运动的一般动机包括强身健体、休闲娱乐、社会交往、冒险刺激、缓解压力、追求时尚、受周围人影响、个人爱好、寻求解脱等。

中国旅游研究院和马蜂窝旅游联合发布的《中国冰雪旅游消费大数据报告（2022）》显示，华中地区2021—2022年冰雪季热度高的旅游景区中，神农架国际滑雪场位居榜首，第2~10名分别是银基冰雪世界、莽山国家森林公园、天门山国家森林公园、恩施大峡谷、老君山风景名胜区、五峰国际滑雪场、张家界国家森林公园、湖南省博物馆、洛阳伏牛山滑雪度假乐园。湖北神农架国际滑雪场是国内滑雪胜地之一，它位于神农架国家森林公园内，海拔高、雪质优、功能全等特点使之成为南方滑雪的理想目的地。有"华中屋脊"之称的神农顶风景区，有着得天独厚的气候环境，拥有不输北方的雪景和雪质，成为南方地区的高山冰雪乐园。对于徒步爱好者来说，探秘神农架无人区也是冬天最酷的事情，这里鲜有人烟又充满野趣，和热爱户外运动的朋友们一起欣赏景色，惊叹大自然的鬼斧神工，看原始森林中可爱的金丝猴穿行而过，都是其他地方所不能带来的新奇体验。

从可持续发展的视角研究冰雪市场细分问题，通过冰雪旅游消费者细分，冰雪旅游企业可以更好地识别客户群体对企业的价值和需求，有助于争取到更多的客户，降低客户流失率，保持客户并使客户价值最大化，从而降低服务成本、优化服务，制定出精准的市场营销策略。

三、冰雪旅游消费者的需求和消费行为分析

人们在旅行游览过程中，为了满足其自身发展和感受的需要便要进行旅游消费。旅游消费是旅游需求的现实直接表现。符合了旅游需求的客观主观条件后，旅游者便可产生消费行为。旅游需求是人们为了满足旅行游览、休闲度假等需要所引发的对一定量旅游产品的需求。旅游需求的形成，有客观因素，也有主观因素。

研究冰雪旅游者消费需求，对于指导冰雪企业的经营有着重要的意义。根据消费者自身需要和外部影响引发的需求，将冰雪旅游消费者需求分为内部需求和外部需求。内部需求包括充实生活、休闲娱乐、锻炼身体、结识新朋友、实现自身价值。外部需求有价格合理、雪场综合条件（饮食和住宿等）、雪道质量、广告宣传、优惠力度等。

（一）冰雪旅游消费行为的含义及购买行为模式

我们将旅游者（包括个人和团体）收集旅游产品的相关信息进行决策以及在购买、消费、评估、处理旅游产品时的行为表现，统称为旅游消费行为。

旅游者购买行为模式有两种：

1."需求-动机-行为"模式

旅游消费者主动的消费需求形成旅游动机，最终形成购买行为，构成了旅游购买活动的全过程。游客的消费行为取决于其消费动机，而动机源于需

求。当旅游者产生旅游需求而未得到满足时，就会引起一定程度的心理紧张。当出现了可以满足需求的目标时，旅游者的这种需求就会转换为内在的动机，驱动旅游者产生具体的旅游消费行为。

2. "刺激-反应"模式

人的消费购买行为是人的内在要素在受到外部因素刺激下所做出的相应反应的结果。这种消费者的购买行为过程可以通过建立一个"刺激-反应"模式来表述。在企业未了解旅游者以前，旅游者对企业来说就是一个"黑箱"，对于影响旅游者内在的要素及决策过程的规律一概不知，仅仅知道该"黑箱"在接受来自外部的环境刺激和企业的营销刺激时，会产生相应的反应，表现在旅游者接受外在刺激后所作出的一系列购买决策上。

"体验论"认为，消费者行为是消费者的体验过程，即消费者是在体验中购买、在体验中消费、在体验中处置的一种感性行为。"刺激-反应"模式认为，消费者行为是消费者对刺激的反应，可以从消费者与刺激的关系中去研究消费者行为。因此，我们可以这样定义，冰雪旅游消费者行为是指冰雪旅游人群在内部自我意识的驱动与外部环境的影响下，为了满足冰雪旅游需求，对冰雪旅游有形商品与无形商品的动态选择、购买、使用及评价的消费行为。

（二）影响冰雪旅游消费者行为的主要因素

影响冰雪旅游消费者行为的因素有很多，不同的专家学者从不同的角度对消费行为的影响因素进行了分析。消费行为影响因素的二因素论，将影响消费者行为的因素分为内部因素和外部因素，其中内部因素包括性别、年龄、职业、个人收入和消费动机等，外部因素包括国家政策方针、地区经济、地域状况、基础设施、服务质量、安全和雪场宣传力度等。

1. 性别

由于生理因素和社会条件的影响，男性和女性在个性特点与旅游爱好上也有所不同。男性较女性更富有好奇心心理特质，体魄也较女性强健，同时受传统的约束较小。在旅游中，男性旅游者大多选择能发挥体力优势的项目如爬山、涉水等，更注意旅游参与的过程，而对其他方面不太敏感，旅游花费较女性旅游者多。而女性旅游者由于体力上的原因，更愿意选择观赏性旅游目的地和项目。女性即使选择参与性项目，项目参与强度也不太大，她们更注意旅游的情境和感受，对旅游地整体环境很敏感。

2.年龄

年龄的差异使旅游者在生理和心理状况、收入及旅游购买经验等方面产生差别。因此，不同年龄的旅游者会表现出不同的旅游购买行为。例如，大多数青年旅游者喜欢刺激性强、冒险性较强、时尚新潮的旅游产品；中年旅游者则比较理智，讲求实际，重视家庭温暖与和睦，因此更倾向于全家出游且消费较理性；而老年旅游者则倾向于节奏舒缓、舒适安全且耗费体力较小的旅游活动。

3.职业

职业在很大程度上决定了旅游消费者的收入水平和闲暇时间，决定了其社会地位，从而影响旅游购买行为。不同职业的旅游者在旅游购买行为方面会有一定的差异。

绝大部分大众冰雪消费者工作稳定，能够有效利用闲暇时间，拥有正确的体育健身观等。除此之外，值得关注的是，娱乐体验者中也有大学生，还有部分无职业者。所谓无职业者大多是退休或临退休人员，有稳定的收入，空闲时间较多，因此参与冰雪运动。

4.经济状况

旅游消费是一种弹性较大的消费，旅游者的经济状况在很大程度上影响其对旅游产品和服务的价格选择，最终影响其旅游服务。

消费者收入是影响大众冰雪消费者消费行为的重要因素，收入的多寡直接决定消费者的消费水平，影响其消费行为。娱乐体验者的月收入以中等偏下为主；技术体验者的月收入以中高等为主；冰雪运动爱好者群体大多都是俱乐部会员，购买畅滑整个雪季的通票，消费内容主要是餐饮、住宿、购买冰雪装备或雪具保养等相关消费。

随着2022年北京冬奥会的成功举办，冰雪旅游逐渐升温，东北地区和华北地区热度最高，华东地区紧随其后。中国旅游研究院的研究数据显示，2021—2022年冰雪季东北地区冰雪旅游热度占比为30%，仍保持着绝对优势。黑龙江的哈尔滨冰雪大世界、圣索菲亚大教堂、北极村、亚布力滑雪旅游度假区雪谷、松花江、太阳岛风景区，吉林的雾凇岛、长白山天池等景区，每年吸引了不少游客。华北地区同样获得了不少游客的青睐，热度较高的有河北崇礼的太舞滑雪小镇、万龙滑雪场、富龙滑雪场等。值得注意的是，2019—2022年华中地区冰雪旅游热度占比上涨3%，西北地区占比上涨4%，主要是因为湖北神农架国际滑雪场、河南银基冰雪世界、新疆丝绸之路国际滑雪场、赛里木湖，以及阿勒泰的禾木村、喀纳斯湖、将军山滑雪场等景区热度增长。

5.消费动机

大众冰雪旅游消费者的消费动机主要是休闲娱乐和强身健体，但不同的消费群体在动机上有很大差异。消费的动机不同，所产生的消费行为也不同，大众冰雪旅游消费者的消费动机可以说因人而异。前文提及的冰雪娱乐体验者以休闲娱乐为主要动机参与冰雪运动，消费方向以直接消费为主，消费水平相对较低。冰雪技术体验者的消费方向为直接消费与相关消费参半，如购买雪票及租借器材、冰雪服装，以及饮食，住宿，交通等，整体消费水平与娱乐体验者差不多。冰雪运动爱好者以个人爱好为主要动机，消费方向除了雪票为必要消费外其余都是相关消费，整体消费水平较高。由此可见动机对大众冰雪消费行为的影响。

在"带动三亿人参与冰雪运动"和2022年北京冬奥会的双重利好推动下，国内冰雪旅游持续发展。中国旅游研究院的研究数据显示，黑龙江、吉林、北京、湖北、浙江、新疆、四川、辽宁、河北、广东在2021—2022年冰雪季冰雪旅游热门省份中居于榜单高位。哈尔滨冰灯游园会是中国冰灯艺术的发源地，是哈尔滨冰雪文化艺术的一张靓丽名片，成为全国游客冬季打卡的"大热门"。吉林省的查干湖冬捕，早在辽金时期就享有盛名，祭湖、醒网、凿冰、撒网，数万斤鲜鱼脱冰而出，极富民族特色，是冰雪旅游体验的不二之选。值得注意的是，浙江不仅有杭州的西湖"断桥赏雪"、临安大明山滑雪场、安吉江南天地滑雪场、绍兴乔波冰雪世界，还凭借网红温泉民宿、异域建筑风格小木屋、古镇风光等，实力"圈粉"了不少亲子家庭游客，来这里享受冬季山水丛林慢生活。

6.国家政策方针等外部因素

国家方针政策对大众冰雪消费行为起着导向作用。北京-张家口成功申办2022年冬季奥林匹克运动会，以及"带动三亿人参与冰雪运动"的庄严承诺，使我国冰雪产业迎来了新的发展高潮期。同时，地区经济发展会影响消费者的体育意识和体育消费观念。而优越的地理自然环境和完善的冰雪设施，以及冰雪场的大力宣传深深吸引着广大冰雪爱好者和旅游度假者。此外，安全问题也是大众冰雪消费者考虑的问题。

2022 年北京冬奥会的成功举办极大地激发了人们参与冰雪旅游的热情。中国旅游研究院 2021—2022 年冰雪季的旅游专项调查显示，71.7% 的游客会在北京冬奥会激励下不改变或者增加冰雪旅游的消费，有 68.4% 的游客十分确定会受北京冬奥会影响增加冰雪旅游的次数。在北京冬奥会、冰雪出境旅游回流、旅游消费升级以及冰雪设施全国布局等供需两方面刺激下，全国冰雪休闲旅游人数从 2016—2017 年冰雪季的 17 亿人次增加到 2020—2021 年冰雪季的 254 亿人次，2021—2022 年冰雪季我国冰雪休闲旅游人数达到 344 亿人次，我国冰雪休闲旅游收入达到 4740 亿元。

第四节　冰雪旅游消费者俱乐部

一、冰雪旅游消费者常用的网络社区

目前，在我国冰雪旅游消费者中，滑雪旅游者数量众多。滑雪移动社交平台的发展历史短，发展速度相对较慢，生存和发展相对艰难，用户的整体规模偏小。GOSKI（去滑雪）滑呗、滑雪族是在我国滑雪移动社交产品激烈的竞争中留存下来的，具有一定的知名度。相比国内的其他滑雪社交平台，它们所呈现的评论更具有真实性。这三个移动社交平台的网络评论处于一直更新的状态，滑雪者的评论时效性较强。

（一）GOSKI（去滑雪）

GOSKI 是为滑雪爱好者打造的一站式解决雪友滑雪需求的多功能社区服务平台，提供雪票购买、活动报名、雪友社交、雪场雪具店查询等功能和服务。2015 年 7 月 2 日，GOSKI 宣布获得清流资本天使轮融资。2016 年 7 月 20

日，GOSKI宣布获得由新动金鼎、体坛传媒领投，伯乐纵横、去玩资本、挚盈资本联投的3 300万元人民币A轮融资，并与冷山、云动极限、解药旅行三大线下业务板块合并。

拓展资料4.2

（二）滑呗

滑呗是一款基于地理位置信息，为滑雪爱好者提供雪场交友和滑雪影像服务的应用，是中国领先的滑雪领域移动社交、滑雪轨迹记录和滑雪影像服务平台。通过精准的约滑匹配，滑呗可以在雪场发现最有趣的雪友、最知名的达人，并邀约他们一起开心滑雪。智能轨迹算法可精准地记录运动数据，无须手工干预，自动计算滑雪趟数，随时换取属于自己的荣誉，还可与其他雪友比拼能力数据，为自己的滑雪季留下珍贵的档案。

拓展资料4.3

滑呗基于GPS地理位置、围绕影像服务的滑雪社交，建立了滑雪爱好者的积分成长体系和滑行等级体系。

（三）滑雪族

滑雪族是一个滑雪服务平台。滑雪族整合滑雪场和滑雪俱乐部等企业，在掌握一定量交易数据的基础上，对其进行系统化的分析和应用。2016年7月，滑雪族宣布完成1 200万元的Pre-A轮融资，投资方来自梅花创投和北京合聚变科技有限公司等。

滑雪族通过用户画像、交易特征和客流变化等信息为滑雪公司提供配套的优化方案。这在帮助线下企业完成决策优化的同时，为自身的盈利拓展了渠道。

二、滑雪旅游者线下俱乐部

滑雪运动的普及带动了区域滑雪场的发展，滑雪俱乐部也逐渐兴起。线下滑雪俱乐部主要集中在具备滑雪运动先天优势的地区，如东北、华北和华东，气候条件和整体环境都有利于滑雪俱乐部的发展。随着滑雪运动迅速发展，全国滑雪锦标赛、滑雪邀请赛、大众滑雪联赛等众多滑雪赛事相继举行。

滑雪俱乐部参与活动的机会越来越多，促进了滑雪俱乐部的扩张和发展，尤其是滑雪运动不断向普及化和职业化多方向发展，也促进了滑雪俱乐部的经营逐步规模化、商业化。

欧洲的体育俱乐部通常有三类：

第一类是以参加竞赛为目的的专业性体育俱乐部。这类俱乐部专注于竞技体育，参与各种国内外的比赛，例如，英超联赛中的曼联、切尔西、利物浦等都是专业性的体育俱乐部。

第二类是以健身和娱乐为主的休闲性体育俱乐部。这类俱乐部主要面向普通大众，提供各种健身设施和娱乐活动，帮助人们保持身体健康和放松心情。

第三类是以培养青少年运动员为目的的青训俱乐部。这类俱乐部注重年轻人才的发掘和培养，为未来的竞技体育输送新鲜血液。

这三类俱乐部在欧洲体育界扮演着不同的角色，共同推动了体育事业的发展。

我国滑雪俱乐部也有类似的分类，但主要是专业俱乐部和业余俱乐部两类，而且目前发展还不够完善。中国滑雪产业仍然处于市场化和产业化经营的培养阶段，无论是滑雪人口还是硬件设施和各种软环境，都与发达国家存在着一定差距。

（一）专业俱乐部

许多专业滑雪俱乐部是以专业滑雪爱好者自发性、自愿性结合为基础，以增进健康、技术交流和促进相互间协调关系为目的，以持续性滑雪运动和其他联谊活动为手段的自主性组织。这类俱乐部成员相对较少，对滑雪技术和运动赛事有较高的需求。

（二）业余俱乐部

俱乐部是中国滑雪发展的核心力量之一，在滑雪基础教育、滑雪文化推广、雪具市场开发和赛事运营中，发挥了巨大的推动作用。业余俱乐部带有明显的旅游休闲和社交倾向，也有很多商业因素介入。合理的组织制度对提高俱乐部发展水平和开展滑雪运动有积极影响。

总体来看，我国滑雪俱乐部尚处于初步成长阶段，其形成的主要因素有：

（1）因相同兴趣和爱好，部分滑雪者自由组建结构松散的组织；

（2）以滑雪用具为媒介，组成类似车友会一类的较为固定的组织；

（3）以滑雪场为目的地的俱乐部，往往有一定的商业因素介入，组织相对规范；

（4）以滑雪技术为条件成立专业组织。

中国目前主流滑雪俱乐部如下（排名不分先后，各有特色）：

（1）北京自由地带滑雪俱乐部；

（2）A2club板类运动联盟；

（3）北京雪岭单板滑雪俱乐部；

（4）北京雪族CLUB；

（5）沈阳极速单板滑雪俱乐部；

（6）沈阳雪线单板滑雪俱乐部；

（7）新疆极速俱乐部；

（8）新疆新极限俱乐部；

（9）西安冰峰滑雪俱乐部；

（10）上海白鸦滑雪俱乐部；

（11）上海X-UNITED联合滑雪俱乐部；

（12）哈板帮滑雪俱乐部；

（13）顽雪滑雪俱乐部；

（14）长春疯滑学苑俱乐部；

（15）长春极限运动俱乐部；

（16）企鹅滑雪俱乐部。

❄ 本章小结

本章将冰雪旅游消费者细分为冰雪运动旅游者、冰雪观光旅游者、冰雪休闲旅游者。总体来看，冰雪旅游市场经过几十年的发展呈现出一些新的变化，不仅冰雪旅游者的市场行为呈现出多元化的趋势其市场需求也变得更加多样化。旅游需求从根本上决定了旅游购买行为。冰雪旅游产业只有在充分了解这些变化的前提下，通过制定与实施差异化战略，才能实现冰雪旅游市场的可持续发展。

❄ **即测即练**

❄ **思考题**

1. 简述冰雪旅游消费者的定义和分类。

2. 影响冰雪旅游者消费行为的主要因素有哪些？

3. 简述冰雪旅游市场需求的特点是什么？

4. 按冰雪旅游消费者心理因素如何进行市场细分？

5. 制约我国滑雪俱乐部发展的因素有哪些？

第五章

冰雪旅游目的地形象

要坚持以人民为中心，以文塑旅，以旅彰文，提升格调品位，努力创造宜业、宜居、宜乐、宜游的良好环境，打造世界级旅游城市。

——2021年4月25日至27日，习近平总书记在广西考察时的讲话

❄ 知识目标

1. 理解冰雪旅游目的地形象的含义及特征。
2. 掌握冰雪旅游目的地形象设计的步骤与方法。
3. 了解冰雪旅游目的地形象传播的途径和策略。

❄ 能力目标

1. 使学生具备解析冰雪旅游目的地形象内涵的能力。
2. 使学生具备塑造冰雪旅游目的地形象的初步能力。
3. 使学生具备传播冰雪旅游目的地形象的初步能力。

❄ 思政目标

1. 带领学生赏识祖国大好冰天雪地，培养学生的爱国热情。

2. 激发学生内在动力，使其自发地投身于冰雪旅游事业中。

❄ 思维导图（知识架构图）

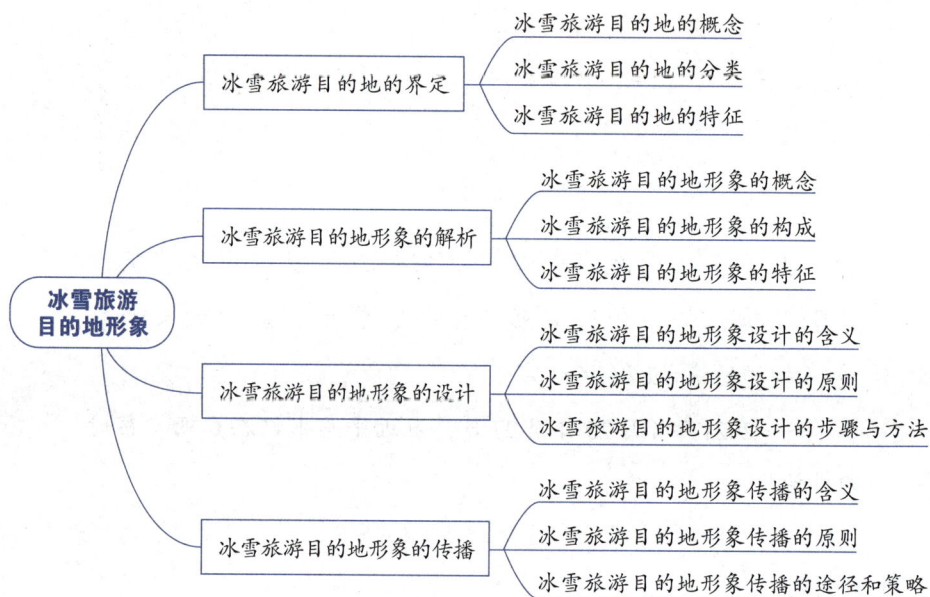

```
                        ┌─ 冰雪旅游目的地的概念
          冰雪旅游目的地的界定 ─┼─ 冰雪旅游目的地的分类
                        └─ 冰雪旅游目的地的特征

                        ┌─ 冰雪旅游目的地形象的概念
          冰雪旅游目的地形象的解析 ─┼─ 冰雪旅游目的地形象的构成
                        └─ 冰雪旅游目的地形象的特征
  冰雪旅游
  目的地形象
                        ┌─ 冰雪旅游目的地形象设计的含义
          冰雪旅游目的地形象的设计 ─┼─ 冰雪旅游目的地形象设计的原则
                        └─ 冰雪旅游目的地形象设计的步骤与方法

                        ┌─ 冰雪旅游目的地形象传播的含义
          冰雪旅游目的地形象的传播 ─┼─ 冰雪旅游目的地形象传播的原则
                        └─ 冰雪旅游目的地形象传播的途径和策略
```

❄ 导入案例

　　哈尔滨冰雪大世界作为国内外知名的冰雪旅游度假区，每年以其壮观的冰雪景观、丰富的冰雪活动和独特的冰雪文化吸引着无数游客。哈尔滨冰雪大世界将自己定位为"世界级的冰雪旅游胜地"，致力于为游客提供极致的冰雪体验，这一定位不仅突出了冰雪大世界的独特性和专业性，也为其品牌塑造和传播提供了明确的方向。冰雪大世界通过设计独特的LOGO、宣传海报和视觉识别系统，形成了具有辨识度的品牌形象，并且深入挖掘冰雪文化和哈尔滨城市文化，将其融入品牌塑造中。冰雪大世界通过举办冰雪文化节、冰雪艺术展览等活动，展示冰雪文化的魅力，增强游客对品牌的认同感和归属感。冰雪大世界充分利用电视、广播、报纸等传统媒体进行品牌宣传，使用投放广告、报道新闻等方式，提高自身的品牌知名度和美誉度，并且利用社交媒体、短视频平台等新兴媒体进行品牌传播，通过发布旅游攻略、分享游客体验、举办线上互动等方式，吸引更多潜在游客的关注。同时，冰雪大世界还不断加强与网红、旅游博主等合作，邀请他们前来体验并分享给粉丝，提高品牌曝光度，也举办各类冰雪主题活动和赛事，如冰雪运动会、冰雪音乐节等，寻求与其他领域的企业或品牌进行跨界合作，与时尚、体育、文化等领域的品牌合作，共同推出联名产品、活动或体验项目，这种跨界合作不仅拓宽了品牌受众群体，也吸引了更多的游客前来观光。

拓展资料5.1

（资料来源　根据公开资料整理。）

案例思考题：

1.冰雪旅游目的地形象塑造与传播应考虑哪些内容？

2.冰雪旅游目的地形象塑造有何意义？

第一节　冰雪旅游目的地的界定

一、冰雪旅游目的地的概念

根据世界旅游组织（UNWTO）对旅游目的地的界定，旅游目的地是一个具有或没有行政和/或边界的物理空间，游客可以在其中过夜。它是产品和服务、旅游价值链上的活动和体验的集合，是旅游的基本单位。中国旅游大辞典也指出，旅游目的地简称"旅游地"，泛指能够为来访游客提供旅游经历或体验的特定地理区域。旅游目的地的形成需具备较为完整的旅游供给要素。这些要素的构成可用"4As"进行归纳：1A是指吸引物条件（Attractions），即拥有以旅游景点为代表的旅游资源；2A是指交通条件（Access），即能够提供必要的交通基础设施和客运服务；3A是指游客生活条件（Amenities），即能够提供住宿、餐饮、娱乐、购物等方面的旅游生活接待设施和相关服务；4A是指其他便利性服务（Ancillary Services），即为方便到访游客开展活动而提供的各种相关服务（如旅游问询中心等）。"4As"所涉及的实际内容基本上相当于通常所称的行、游、住、食、购、娱六大要素。这些供给要素连同目的地营销活动的开展，共同构成了旅游目的地对游客来访的"拉动"因素。

借鉴上述对旅游目的地的界定，考虑到冰雪旅游行业的特殊性，本书将冰雪旅游目的地定义如下：冰雪旅游目的地是依托冰雪形成的气候条件，以冰雪景观为旅游资源的物质基础，以冰雪运动、冰雪节庆、冰雪观光及度假为主要外在形式，以冰雪文化为内涵，具有较强参与性、体验性和刺激性，并能满足旅游者的健身运动、观光游乐、休闲度假等方面需求的综合性旅游产品，是能够基于行、游、住、食、购、娱旅游价值链要素为来访游客提供完整旅游经历或体验的特定地理区域。

二、冰雪旅游目的地的分类

冰雪旅游目的地经过多年的发展，根据所在地气候、经营模式、主题内容及文化风俗等的不同，逐步演化出多种业态形式，通常可作如下分类：

（一）冰雪度假主题旅游目的地

此模式依托独特的冰雪资源和气候环境，结合当地民俗文化，侧重开发冰雪观光和滑雪运动，是集休闲、观光、运动、娱乐、度假于一体的综合发展模式，以大型度假区、室外滑雪场为主要形式，吸引游客，并带动周边旅游、经济、贸易、设备制造等相关产业发展，以长白山国际旅游度假区为典型代表。长白山国际度假区位于吉林省白山市抚松县松江河镇，距长白山机场 10 千米，距长白山天池风景区约 20 千米，占地 21 平方千米，建设总投资 200 亿元，将长白山独有的冰雪资源优势与项目建设完美结合，主要建有旅游新城、高档酒店群、大型滑雪场等，具有四季健身、运动、休闲的高端旅游功能，是吉林省重大招商引资项目之一，也是中国旅游产业实现由观光到度假升级的代表性项目。

拓展资料 5.2

（二）冰雪游乐主题旅游目的地

此模式依托著名旅游区、景区或城市、区域中心的客源市场，将冰雪游乐主题与商业项目相融合，提升项目吸引力，以哈尔滨万达 MALL 为典型代表。哈尔滨万达 MALL 位于哈尔滨市松北区世茂大道与宏源街交口处，是万达集团首创的大型室内文化、旅游、商业综合体，建筑面积 36.96 万平方米，包括全球最大的室内滑雪场、具备国际一流比赛标准的室内滑冰场、东北顶级电影科技乐园、荟萃全球品牌的大型商业中心等，其品牌化运营——重点体现俄罗斯风情和鄂伦春民族文化风俗，展现出哈尔滨东北亚中心城市的独特魅力，塑造了世界冰雪及文化旅游的新品牌。

（三）冰雪赛事主题旅游目的地

此模式借助各项冰雪赛事，积极宣传推广，吸引人们前往举办地观看体验各种赛事活动，以河北万龙滑雪场为典型代表。万龙滑雪场位于河北省张家口市崇礼区红花梁区域内，为国内首家开放式滑雪场，占地面积 30 平方千米，最高处海拔 2 110 米，垂直落差 550 米，距北京市 249 千米，距张家口市 60 千米，目前整体硬件设施位于全国滑雪场的前列，各种比赛活动争相在此举办。

（四）冰雪节庆主题旅游目的地

此模式以冰雪节庆活动为核心吸引力，结合当地冰雪资源及文化特色等，为游客提供丰富多样的冰雪体验和旅游服务。自 1991 年吉林市主办了首届中国吉林雾凇冰雪节以来，吉林市借助大自然赐予的神奇雾凇资源，全力打造特色旅游品牌，在每年吉林市雾凇最佳观赏期举办开幕式，展示专题影片和文艺节目，其间游客还可以观赏吉林市特色的冰灯、河灯及彩灯，参与冰帆、溜冰、滑雪等娱乐活动，尽情享受冰雪大自然带来的奇景乐趣，同时，主办方还开展各种形式的经贸洽谈会来带动地方经济发展。

（五）冰雪民俗主题旅游目的地

民俗传统冰雪旅游产品与一般的旅游产品相比，呈现出民族性、历史性、地域性、文化性融于一体的特点，它反映出一种独特的冰雪文化，是长期历史文化发展的结晶，与当地的风俗人情、生活习惯、宗教信仰等密切相关。风格各异的民族文化风俗构成了一幅多彩的民族风情，为民俗型冰雪旅游目的地提供了丰富的游乐资源。

三、冰雪旅游目的地的特征

冰雪旅游目的地总体而言具有如下几个特征：

（一）季节性

冰雪旅游目的地通常位于具有严寒气候条件的地区，如位于吉林省的北大湖滑雪场，这里冬季漫长且寒冷，为北大湖滑雪场的冰雪旅游提供了得天独厚的自然条件。冰雪旅游目的地的核心吸引力在于其冬季的冰雪景观，如雪山、冰川、冰瀑等，这些景观只在冬季或寒冷季节出现。由于冰雪的融化和季节性天气变化，游客通常会在特定的冬季月份集中访游，进而形成较强的季节性旅游高峰。

（二）运动性

冰雪旅游目的地通常都提供各种冰雪运动设施，如滑雪场、滑冰场、雪地摩托及其他冰雪游玩项目等，来满足游客对冰雪运动的需求，在其中无论是普通游客还是具备一些专业能力的游客都能找到适合自己的运动项目或活动。如在河北万龙滑雪场，那里每年都举办各种冰雪赛事，并借助多种多样的冰雪赛事活动吸引更多的游客前来观光体验。

（三）趣味性

冰雪旅游目的地通常除了提供传统的冰雪运动外，还能提供雪地探险、冰雪雕展、雪地露营等趣味性强的活动，游客可以参与各种冰雪游戏或竞赛活动，如观冰灯、看雪雕、抽冰猴、滑冰车、拉爬犁、蹬冰滑、撑冰车、滑雪梯、拉雪橇等，这些游戏或活动具有较强的趣味性，能吸引游客特别是青年、儿童游客的积极互动与参与。

（四）观赏性

冰雪旅游目的地通常是冰雪覆盖的山脉、森林、湖泊和河流，这能形成独特的自然奇观和美景，具有极高的观赏价值，而如冰雕、雪雕等人工艺术制品及各种具有冲击性、刺激性的冰雪运动也能展示冰雪的另一种美妙，这些都增加了冰雪旅游的观赏性。

（五）融合性

冰雪旅游越来越受到国家及各地方的重视，因此也得到了快速发展，而发展的主要模式就是多业态融合发展，如冰雪旅游与文化产业、体育产业及酒店、康养、餐饮服务业等相互融合，形成完整的旅游产业链状发展模式，让游客在欣赏冰雪美景的同时感受当地文化风俗，参与体育锻炼，享受康养休闲等，充分体验自然、人文、享乐等和谐统一的融合感。

第二节　冰雪旅游目的地形象的解析

一、冰雪旅游目的地形象的概念

国内外有许多学者对旅游目的地形象概念内涵问题做过相关研究工作。张高军认为，旅游目的地形象是在原有旅游吸引物、旅游资源的基础上，赋予加工的形象。刘旭义指出，旅游目的地形象受个人因素和外部因素综合影响，对于特定的目的地或不同游客群体，影响因素也各有差异。尽管学者们的研究角度各有差异，但也存在着共性，这些研究中关于旅游目的地形象的影响因素主要归纳为认知形象、情感形象和整体形象等主要方面。刘刈则从旅游目的地形象形成过程的视角作出了另一种解释，他指出，旅游目的地形象的形成过程是人们对所有有关该目的地的信息、脑海中对其的印象及感知进行加工、甄别、排列、整理的信息处理过程。借鉴上述学者对旅游目的地的界定，考虑到冰雪旅游目的地的特殊性，本书对冰雪旅游目的地形象作出如下定义：冰雪旅游目的地形象是指游客对冰雪旅游目的地的总体感知和印象，它基于游客对目的地的冰雪资源、空间指向及旅游特点等方面的感知与体验，这种感知与体验是冰雪旅游目的地最为独特的、差异化的、不可复制的关键部分，它不仅是保持冰雪旅游目的地吸引力的主要要素，也是游客识别冰雪旅游目的地形象的重要标识。由此定义可以看出，冰雪旅游目的地形象是该目的地引发游客给予关注并前去游玩的重要方面。

二、冰雪旅游目的地形象的构成

冰雪旅游目的地形象可以按三个层面进行解构，即冰雪旅游目的地的理念形象（MI）、行为形象（BI）及视觉形象（VI）。

（一）冰雪旅游目的地的理念形象（MI）

冰雪旅游目的地的理念形象是由目的地的哲学、宗旨、精神、发展目标、经营战略、道德及风气等精神因素构成的目的地形象子系统。冰雪旅游目的地的哲学通常反映了其对于冰雪旅游发展的基本观点和态度，其包括对目的地冰雪资源的珍视、对生态环境的保护、对旅游活动可持续性的重视等方面的理念；而冰雪旅游目的地的宗旨则更为具体，通常表达了目的地的发展目标和愿景，比如为游客提供高品质的冰雪旅游体验、推动地方经济发展等；冰雪旅游目的地的精神体现在多个方面，比如创新精神、团队精神、协作精神等；冰雪旅游目的地的发展目标通常包括短期目标和长期目标两个方面，短期目标可能包括提高游客满意度、增加旅游收入等，而长期目标则可能包括提升目的地知名度、美誉度，打造具有国际影响力的品牌等；冰雪旅游目的地的经营战略通常包括市场定位、产品开发、营销推广等方面；冰雪旅游目的地的道德和风气也是其形象的重要组成部分，包括对游客的尊重、对员工的关爱、对当地社区的贡献等方面。

（二）冰雪旅游目的地的行为形象（BI）

冰雪旅游目的地的行为形象是指目的地及其成员在内部和对外生产经营管理及非生产经营性活动中表现出来的员工素质、制度及行为规范等因素构成的目的地形象子系统。冰雪旅游目的地的员工是目的地的直接代表，他们的素质能影响到游客对目的地的感知和体验；冰雪旅游目的地的相关制度规范了目的地及其成员的行为，制度的完善程度和执行情况会影响到游客对目的地的感知和体验，因为一个有着完善制度并严格执行的冰雪旅游目的地，能够给游客带来安全感，能够增强游客的信任感；冰雪旅游目的地的行为规范不仅指员工的行为准则，也包括游客在旅游过程中应遵守的行为规范，这些规范有助于维护旅游目的地的秩序，保护冰雪旅游资源，提升游客的冰雪旅游体验，目的地通过制定和执行行为规范，能够塑造出文明、有序、和谐的旅游环境，这些都会影响到游客对目的地的形象认知。

（三）冰雪旅游目的地的视觉形象（VI）

冰雪旅游目的地的视觉形象是由目的地的基本标识、应用标识及外观包装等构成的目的地形象子系统，其中，基本标识是指目的地的名称、标志、商标、标准字、标准色等，应用标识是指象征图案、旗帜、口号、招牌、吉祥物等，外观是指目的地的自然环境、基础设施、服务设施等的视觉层面。

冰雪旅游目的地的名称是目的地的首要标识，应该简洁明了、易于记忆和发音，能够直接传达出目的地的主题和特色；冰雪旅游目的地的标志是目的地的视觉符号，通常采用图形、文字或图文结合的方式设计，标志应该具有独特的识别性，能够在众多旅游目的地中脱颖而出，同时也应该与冰雪主题紧密相连；象征图案是冰雪旅游目的地常用的视觉元素，用于表达目的地的特色和品牌形象，这些图案可以是与冰雪相关的自然景观、动物、植物等，也可以是具有地方特色的图案；冰雪旅游目的地的自然环境视觉层面是其最重要的外观之一，包括雪山、冰川、森林、湖泊、河流等自然景观，这些自然景观应该得到充分的保护和利用，以展现其独特魅力和吸引力；基础设施视觉层面也是冰雪旅游目的地外观的重要组成部分，包括道路、桥梁、交通设施、公共设施等方面；服务设施是冰雪旅游目的地为游客提供服务的重要场所，包括酒店、餐厅、商店、景点等，这些设施的视觉层面应该完美且符合冰雪旅游的需求和特点，能够为游客提供便捷舒适的应用体验和视觉体验。

三、冰雪旅游目的地形象的特征

冰雪旅游目的地形象的三个子系统各有其自身特征：

（一）冰雪旅游目的地理念形象的特征

冰雪旅游目的地通常具有独特的旅游哲学和宗旨，例如强调冰雪文化的传承、生态环境的保护、游客体验的优化等。在设计冰雪旅游目的地的精神风貌的时候也会展现特有的冰雪精神，如冒险精神、团队精神、环保意识等，这些精神内涵是吸引游客的重要因素。冰雪旅游目的地通常设定了明确的发展目标，如提升知名度、增加游客数量、提高游客满意度等。

（二）冰雪旅游目的地行为形象的特征

冰雪旅游目的地形象也体现在员工的言行举止中，高素质的员工能够为游客提供优质的服务，增强游客的满意度。冰雪旅游目的地通常具有完善的制度行为规范，确保各项活动的顺利进行，减少意外事件的发生。冰雪旅游目的地形象不仅体现在内部管理上，还体现在与外部利益相关者（如政府、社区、其他旅游企业等）的互动中，在不断的协调合作中实现共赢。

（三）冰雪旅游目的地视觉形象的特征

冰雪旅游目的地视觉形象的核心是标识系统，包括基本标识和应用标识，这些标识在视觉上具有统一性和辨识度，能够迅速传达目的地的形象信息。冰雪旅游目的地通过独特的品牌形象塑造目的地的独特性，使游客在众多旅游目的地中能够迅速识别并记住该目的地。冰雪旅游目的地的外观设计包括自然环境、基础设施、服务设施等，美观的外观设计能够提升游客的感知价值，增强游客的满意度。在形象设计时通常会融入当地的文化元素，如冰雪文化、民俗风情等，以展现目的地的文化特色和魅力。

第三节　冰雪旅游目的地形象的设计

一、冰雪旅游目的地形象设计的含义

冰雪旅游目的地的品牌形象对吸引游客至关重要。品牌形象是指游客对目的地的印象和信念，它直接影响游客选择目的地的决策。根据《中国旅游地理》（第二版）（徐永红主编）一书对我国各旅游景区特色的解读，结合当前各景区旅游形象的树立及对未来旅游业发展的展望可知：在旅游景区形象设计方面，既要立足本地区的自然特色，又要深挖本地区的文化底蕴，同时要注重兼收并蓄、创新发展。

旅游形象是旅游者对旅游地的自然和人文环境、社会经济状况、旅游设施和服务等旅游要素的综合感知，其在旅游者的目的地选择与旅游决策中扮演着重要的角色。我国幅员辽阔，东西、南北自然差异较大，景观特色各异，兼有沙漠、戈壁、森林、草原、丘陵等众多自然景观，加之几千年的历史传承，各地人文景观也呈现出多样化的特点，风土人情各不相同，文化底蕴各具特色。因此，结合地域特点探讨旅游形象设计至关重要，高质量的旅游形象设计具有鲜明的特色，能够使人印象深刻，有利于打造强力旅游品牌，推动当地经济发展。

借鉴不同组织和学者对冰雪旅游目的地形象设计的界定，本书对冰雪旅游目的地形象设计的定义如下：冰雪旅游目的地形象设计，是指在深入挖掘和充分利用冰雪旅游目的地自然冰雪景观、独特气候条件、地域文化背景及社会经济特征的基础上，通过创新性的思维和手段，塑造出具有鲜明特色和高度辨识度的旅游品牌形象。这种形象设计不仅涵盖了冰雪旅游目的地的自然景观、人文风情、旅游设施与服务等多个方面，还体现了冰雪旅游目的地的核心价值、发展理念与未来愿景。

二、冰雪旅游目的地形象设计的原则

旅游形象的研究虽然从主体上分为三类人的旅游形象，但以研究旅游者的旅游形象最为重要。因为，设计师对旅游地形象的设计与推广，必须以旅游者的旅游形象为依据；当地居民的旅游形象，则主要是指对当地游憩资源的形象。冰雪旅游目的地的形象设计应明确并突出其冰雪主题特色，通过独特的主题选择和创意，形成令人难忘的旅游体验。这有助于区分冰雪旅游目的地与其他旅游目的地，吸引游客并增强品牌认知度。

冰雪旅游目的地形象设计有三大原则，分别是系统性原则、易懂性原则及特色性原则。

（一）系统性原则

系统性原则是指根据理念形象、行为形象及视觉形象进行整合设计，设计应围绕总体形象展开，需要考虑各个方面的协调性和整体性，确保各个形象之间的和谐统一。

（二）易懂性原则

易懂性原则是指冰雪旅游目的地的形象设计应该简洁明了，易于公众理解和接受。形象定位应基于公众对冰雪旅游地的认知，确保宣传口号和信息能够迅速传达给目标受众。形象设计的各个方面，如视觉形象、广告形象及口号创意等，都应该使用通俗易懂的语言和表达方式，以便游客能够快速理解并产生共鸣。

（三）特色性原则

特色性原则是指在冰雪旅游地形象设计中应突出地方特性，与其他同类产品相区别。强调在形象设计中要深入挖掘和展示冰雪旅游目的地的独特之处，如独特的自然风光、丰富的历史文化、独特的民俗风情等。通过差异化品牌定位，将冰雪旅游目的地与市场需求结合起来，使游客能够清晰地区分和记住该目的地。

三、冰雪旅游目的地形象设计的步骤与方法

（一）理念形象设计

1.定位与目标受众分析

进行调研与分析，对冰雪旅游目的地的自然资源和人文资源进行深入了解，包括气候条件、冰雪景观、历史文化、民俗风情等。通过市场调研，了解目标受众对冰雪旅游的需求和偏好。挖掘具有差异性的冰雪自然资源形象和冰雪文化形象，如独特的气候条件、壮丽的冰雪景观、冰雪民俗文化、冰雪地域文化等，进行初步定位。然后确定冰雪旅游目的地的核心理念，如"冰雪旅游度假区""雪域天堂"等，以传达独特的冰雪旅游体验，进行再次定位。基于市场调研和定位分析，开发类型齐全、数量繁多、体验感强的冰雪旅游项目，制定冰雪旅游目的地的形象传播策略，包括广告宣传、网络营销、线下推广等，以此来进行最终定位。

2.核心价值与品牌故事提炼

挖掘目的地的核心价值，如自然风光、历史文化、特色活动等，并根据冰雪旅游目的地的历史、文化、传说等元素，构建具有吸引力和感染力的品牌故事。因为品牌故事能激发游客的共鸣和好奇心，增强游客对冰雪旅游目的地的兴趣和向往。

3.发展目标、宣传口号和价值观

明确冰雪旅游目的地的未来发展目标和愿景，展示目的地为实现这些目标所采取的措施和取得的成果。设计简洁明了、易于记忆和传播的宣传口号，口号应体现目的地的核心价值和独特卖点，吸引游客的关注和兴趣。强调冰雪旅游目的地的核心价值观，如环保、可持续发展等，展示目的地对环境保护和可持续发展的重视和承诺。

（二）行为形象设计

1.服务标准制定

参照国家相关标准，结合冰雪旅游目的地的实际情况，制定冰雪旅游服务规范。规范应包括术语定义、基本要求、设施设备、人员要求、服务内容、环境卫生、监督管理等方面。同时建立服务质量评价体系，对冰雪旅游服务进行定期评价和改进。

2.策划特色活动

结合冰雪旅游目的地的特色和资源，策划具有吸引力和互动性的旅游活动。引入创意元素和新技术，提升活动的趣味性和参与度。通过社交媒体和旅游网站等平台，宣传和推广活动，吸引更多游客参与。

3.建立游客互动和反馈机制

搭建游客互动平台，如论坛、博客等，鼓励游客分享旅游经验和感受。设立游客反馈渠道，如问卷调查、在线留言等，及时了解游客的需求和意见。对游客反馈进行整理和分析，持续改进服务和提升游客满意度。

（三）视觉形象设计

1.视觉识别系统设计

创作独特的标志和标语，体现冰雪旅游目的地的特色和价值。确定统一的视觉风格和配色方案，保持整体形象的一致性和识别性，将标志和标语应用于各类宣传资料和旅游设施中，增强品牌形象的传播效果。

2.视觉景观设计

利用冰雪旅游目的地的自然和人文景观，打造具有视觉冲击力的视觉形象。设计具有特色的旅游设施和标识，如雕塑、景观灯等，增强游客的沉浸感。注重景观的可持续性和环保性，保护自然资源和生态环境。

3.传播视觉形象

制作高质量的宣传资料，如海报、宣传册、视频等，展示目的地的美丽风光和独特魅力。积极利用多种渠道进行宣传和推广，如社交媒体、旅游网站、户外广告等，扩大目标受众的覆盖范围。努力与其他旅游目的地或品牌进行合作和推广，共同提升知名度和影响力。

（四）整合设计

冰雪旅游目的地要使理念形象、行为形象和视觉形象在风格、主题和文化内涵上保持一致性和连贯性。努力寻求与其他品牌或机构的合作，共同推广冰雪旅游目的地，扩大在市场上的影响力。要定期对冰雪旅游目的地的形象进行评估和监测，及时调整和优化设计策略，以适应市场变化和游客需求。

第四节　冰雪旅游目的地形象的传播

一、冰雪旅游目的地形象传播的含义

一般来说，旅游目的地形象的展现主要是从旅游景观、地理环境、旅游产品和旅游服务等几方面科学规范的管理中体现出来，这需要旅游者的亲身体验和认同，但更多的旅游目的地形象还需借助人际传播、群体传播和大众传播等传播形式进行广而告之。借鉴相关组织和学者关于旅游目的地形象传播的界定，本书对冰雪旅游目的地形象传播的定义如下：冰雪旅游目的地形象传播就是以冰雪旅游功能为立足点，通过建构和传播冰雪旅游形象，以提升冰雪旅游影响力和美誉度的社会管理活动与过程。

二、冰雪旅游目的地形象传播的原则

冰雪旅游目的地形象传播的原则主要包括以下几个方面，它们确保了信息的有效传递和接收。

（一）广泛性原则

冰雪旅游目的地主要通过多元化的传播渠道，如电视、广播、互联网、社交媒体等，确保信息能够覆盖更广泛的受众群体。针对国内外不同地区的游客，提供多语种的旅游信息和宣传材料，以满足不同语言背景游客的需要。在传播过程中，要充分考虑不同文化背景下的受众接受度，采用符合当地文化习惯的传播方式和内容。

（二）针对性原则

冰雪旅游目的地要明确目标市场和潜在客户群体，如家庭游、年轻人、户外爱好者等，并针对不同群体制定不同的传播策略。利用大数据和人工智能技术，对游客的行为、兴趣、需求等进行深入分析，实现精准营销和个性化推荐。积极与旅行社、航空公司、酒店等相关企业建立合作关系，共同推广冰雪旅游目的地，扩大市场份额。

（三）渗透性原则

冰雪旅游目的地创作具有吸引力和感染力的旅游宣传内容，如短视频、旅游攻略、互动游戏等，以激发游客的兴趣和好奇心。通过讲述冰雪旅游目的地的故事和传说，将文化和历史融入传播内容中，增强游客的情感认同和记忆度。策划与组织线上线下活动，如冰雪节、冰雪运动比赛、冰雪文化展览等，让游客亲身体验冰雪旅游的魅力，并通过社交媒体分享传播。

三、冰雪旅游目的地形象传播的途径和策略

（一）确定目标受众

需要明确目标受众是谁，这有助于制定更有效的传播策略。例如，可以针对家庭游客、年轻人、滑雪爱好者等不同的群体进行定向传播。

（二）创建独特的品牌形象

通过市场调研和定位，为冰雪旅游目的地打造一个独特且吸引人的品牌形象。这可以包括目的地的自然景观、冰雪活动、民俗文化等元素。

（三）选择多渠道传播

利用社交媒体、旅游网站、博客、论坛等多种渠道进行传播。同时，可以与旅游达人、知名博主等合作，通过他们的推荐和分享来吸引更多潜在游客。

1.利用新媒体进行营销

通过社交媒体平台（如微博、微信、抖音等）发布冰雪旅游目的地的相关内容和活动信息，吸引更多用户关注和转发。例如，可以创建官方微博账号，并努力打造成为具有影响力的旅游微博大号，通过微博话题互动传播，增强与游客的互动和黏性。

2.整合传统媒体资源

利用电视、广播、报纸、杂志等传统媒体进行广告宣传，提高冰雪旅游目的地的知名度和美誉度。这些媒体渠道可以将形象传播给大量的受众，具有广泛的影响力和公信力。

3.与旅游达人、网络红人等合作

通过他们的影响力和粉丝基础，为冰雪旅游目的地带来更多曝光和关注，博主可以分享自己的旅游体验，撰写游记或旅游攻略，为潜在游客提供有价值的参考信息。

（四）创造互动体验

通过线上线下活动、互动游戏、VR 体验等方式，让受众更加直观地感受目的地的魅力。这不仅可以增强受众对目的地的印象，还能激发他们的旅游意愿。

（五）优化在线服务平台

利用携程、去哪儿等在线旅游服务平台，提供便捷的预订和购票服务，同时通过平台的用户评价和推荐功能，让游客的真实反馈成为旅游目的地形象传播的有力支撑。

（六）口碑营销

通过提供优质的旅游体验和服务，让游客满意并成为忠实的口碑传播者。口碑传播具有高度的可信度和影响力，因为人们更容易相信朋友、家人或同事的推荐。

（七）创新宣传方式

如制作精美的宣传册、海报等印刷品，或者开发具有互动性和趣味性的线上宣传活动，如 H5 小游戏、VR 体验等，让游客更加直观地了解冰雪旅游目的地的魅力和特色。

（八）开展事件营销

通过策划和组织与冰雪旅游相关的活动或赛事，如冰雪文化节、滑雪比赛等，吸引媒体和游客的关注，进而提升旅游目的地的形象。

（九）评估传播效果

通过收集游客反馈、统计网站访问量、监测社交媒体上的讨论热度等方式，评估传播效果。根据评估结果调整传播策略，以达到更好的宣传效果。

❄ 本章小结

　　本章着重讲述了冰雪旅游目的地的定义、冰雪旅游目的地的形象塑造与传播。冰雪旅游目的地以其独特的自然景观和冰雪活动吸引着游客。在形象设计上，需注重挖掘目的地的冰雪特色，突出其独特性，同时遵循市场导向、文化融合和创新发展的原则，从冰雪旅游目的地理念形象（MI）、冰雪旅游目的地行为形象（BI）、冰雪旅游目的地视觉形象（VI）三个方面对冰雪旅游目的地形象进行塑造，设计出具有吸引力的冰雪旅游目的地形象。在形象传播方面，需充分利用各种媒介和渠道，广泛宣传冰雪旅游目的地的特色和优势，提高知名度和美誉度，注重与游客的互动和反馈，不断优化旅游产品和服务，提升游客体验。

❄ 即测即练

❄ 思考题

　　1.冰雪旅游目的地的核心吸引力是什么？

　　2.冰雪旅游目的地形象的基本构成要素有哪些？

　　3.冰雪旅游目的地形象设计与传播的重要作用有哪些？

　　4.冰雪旅游目的地形象设计的主要步骤及方法是什么？

　　5.冰雪旅游目的地形象传播的主要途径及策略有哪些？

第六章

冰雪旅游营销

　　要继续推动冰雪运动普及发展，强化战略规划布局，建设利用好冰雪场地设施，发展冰雪产业，丰富群众冰雪赛事运动，把群众冰雪运动热情保持下去。

　　——2022年4月8日，习近平总书记在北京冬奥会、冬残奥会总结表彰大会上的讲话

❄ 知识目标

　　1.掌握冰雪旅游市场营销管理、战略的基本理论，为制定有针对性的冰雪营销策略提供依据。

　　2.熟悉冰雪旅游市场的现状、发展趋势和竞争格局。

　　3.了解冰雪旅游市场可持续发展的重要意义。

❄ 能力目标

　　能够从冰雪旅游产品、价格、渠道和促销方面来分析冰雪旅游企业所面临的机遇和挑战。

❄ 思政目标

鼓励学生在创新中运用全面且发展的眼光看待事物，使学生全面客观地分析把握我国社会经济发展对冰雪旅游企业营销产生的影响，增强学生对冰雪旅游企业社会责任意识的认知。

❄ 思维导图（知识架构图）

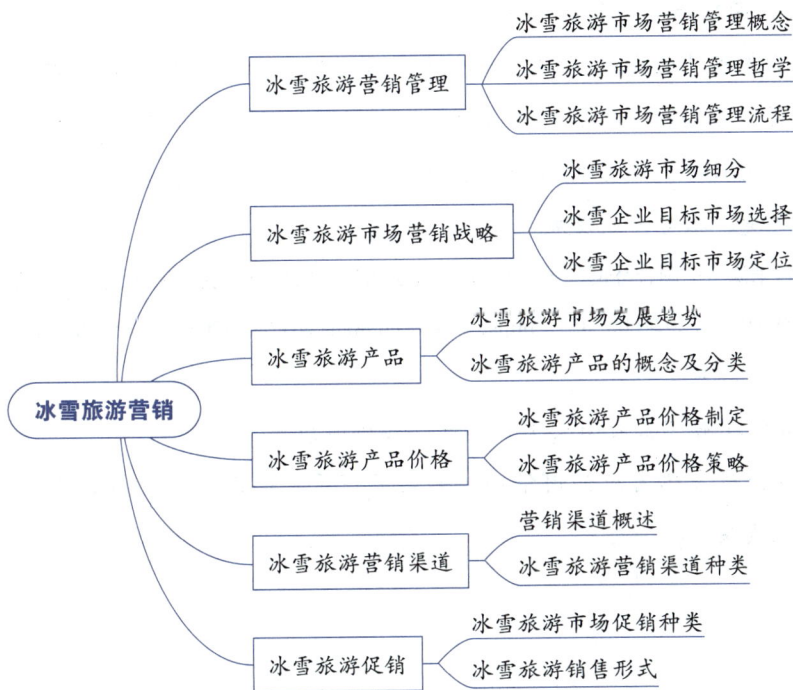

```
                        ┌─ 冰雪旅游市场营销管理概念
        ┌─ 冰雪旅游营销管理 ─┼─ 冰雪旅游市场营销管理哲学
        │                └─ 冰雪旅游市场营销管理流程
        │
        │                ┌─ 冰雪旅游市场细分
        ├─ 冰雪旅游市场营销战略 ─┼─ 冰雪企业目标市场选择
        │                └─ 冰雪企业目标市场定位
        │
        │              ┌─ 冰雪旅游市场发展趋势
        ├─ 冰雪旅游产品 ─┴─ 冰雪旅游产品的概念及分类
冰雪旅游营销
        │                ┌─ 冰雪旅游产品价格制定
        ├─ 冰雪旅游产品价格 ─┴─ 冰雪旅游产品价格策略
        │
        │                ┌─ 营销渠道概述
        ├─ 冰雪旅游营销渠道 ─┴─ 冰雪旅游营销渠道种类
        │
        │            ┌─ 冰雪旅游市场促销种类
        └─ 冰雪旅游促销 ─┴─ 冰雪旅游销售形式
```

❄ 导入案例

上榜！"长白天下雪"全媒体营销获国家文化和旅游部"十佳"案例奖

吉林省文化和旅游厅"长白天下雪"全媒体营销，日前从全国140多个案例中脱颖而出，荣获国家文化和旅游部"2023年全国旅游宣传推广十佳案例"。此次获奖的省厅级案例数量为6个，分别为福建、吉林、四川、江苏、广西、河北。

"长白天下雪"是吉林省自2022年开始推出的品牌概念。吉林省位于北纬41°～45°之间，长白山脉与欧洲阿尔卑斯山脉、北美落基山脉同为世界黄金粉雪带，是世界三大以粉雪为特色优势的滑雪胜地和冰雪旅游目的地，现有国家级滑雪度假地5家，数量全国最多，是中国北方冰雪经济的核心区域，"中国品质滑雪在吉林"已成业界共识。

在"长白天下雪"品牌概念影响下，2023—2024年雪季，吉林省接待国内游客1.25亿人次，同比增长121%；实现国内旅游收入2 419亿元，同比增长140%，两项指标均创历史新高。

为了夯实"长白天下雪"独特的冰雪文化符号，将吉林的冰雪从经济向文化、向生活延展，从省内向国内、向世界延伸，我们以"强推广、强互动、强创新"为目标，充分发挥全媒体优势，从全方位、多角度、立体式展现吉林冰雪之美、冰雪产业发展之劲。

（资料来源：中国吉林网. 上榜！"长白天下雪"全媒体营销获国家文化和旅游部"十佳"案例. [EB/OL]. [2024-06-05]. https：//news.cnjiwang.com/jwyc/202406/3854585.html.）

案例思考题：

1. 如何理解"长白山天下雪"这一品牌概念？

2. 试分析吉林省应如何借助"长白天下雪"的新媒体热度，来助力吉林冰雪产业发展。

第一节　冰雪旅游营销管理

冰雪旅游市场营销的成功，取决于冰雪旅游管理者对目标市场的理解和把握，是关系到其生存和发展的一项关键工作。因此，这就要求冰雪旅游管理者始终秉承以消费者为中心的现代营销理念，在充分了解冰雪旅游消费者的基础上，制定针对性营销战略和策略，通过达到消费者满意来实现自身的营销目标。

因此，本章首先就冰雪旅游市场营销管理进行阐述，明确开展冰雪旅游市场营销的内容及其相互关系；其次，强调以冰雪旅游市场营销环境为基础，讨论如何根据实际来制定营销战略和策略。

一、冰雪旅游市场营销管理概念

冰雪旅游市场营销管理是指冰雪旅游管理者为实现自身经营目标，通过创造并提供高品质的冰雪娱乐体验，建立、维持和发展与目标市场之间的互利交换而进行的分析、计划、执行与控制过程。

中国冰雪旅游市场的发展历程及其阶段表明，冰雪旅游市场购买行为尤其是游客的冰雪需求及游客的期望产品愿景的提高，对冰雪旅游市场发展具有重要影响，因此，应充分认识"需求管理"这一冰雪旅游市场管理的本质。由于游客是需求的载体，冰雪旅游市场营销管埋实际上来说就是对游客关系的管理。

冰雪旅游市场需求的改变必然会引起新一轮的竞争，从而导致全国冰雪行业的重新洗牌，因此，要赢取更多的市场，冰雪旅游管理者必须建立和维系与游客之间的互惠关系，这既是冰雪旅游市场营销管理的基础，也是冰雪旅游市场管理的主要和重点内容。

二、冰雪旅游市场营销管理哲学

冰雪旅游市场营销管理哲学是指各冰雪旅游企业开展营销活动及其管理的指导思想，主要表现为一种理念、态度或思维方式，会影响冰雪旅游企业对自身、游客和社会三者利益关系的处理能力。

考虑到冰雪旅游企业的经营特点及对周围环境所产生的效应，企业必须在以消费者为中心的现代市场营销观念和社会营销理念之间实现一种"协调"

型的平衡。要秉持以创造社会财富这一企业根本使命为出发点，坚持以游客满意度为核心，追求较高盈利的现代营销观念。与此同时，要想赢得宽松的经营环境和实现冰雪旅游企业的长期发展，冰雪旅游企业同样要对利益相关者和社会整体利益的维护引起足够重视。

三、冰雪旅游市场营销管理流程

为实现营销目标，必须对营销活动展开有效和持续的管理，如图6-1所示。市场营销活动包括冰雪旅游市场营销环境分析、设定冰雪旅游市场营销目标、制定冰雪旅游市场营销战略、制定冰雪旅游市场营销策略、形成冰雪旅游市场营销计划、实施与控制、评估与修正七个环节。在此流程中，需说明的是，图6-1所反映的冰雪旅游市场营销管理流程并不是单次循环的，当所处的营销环境发生重大变化时，简单的调控无法解决问题，必须根据变化后的营销环境重新启动本流程。因此，对于这些中间环节的管理即为冰雪旅游市场营销管理。所有的后续决策必须依据冰雪旅游市场所处的营销环境来制定，特别是依据市场环境来制定。

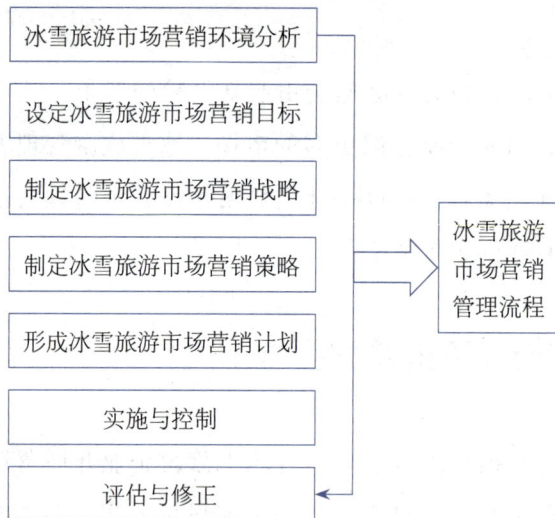

图6-1　冰雪旅游市场营销管理流程

第二节　冰雪旅游市场营销战略

在了解了影响游客参与冰雪旅游活动的动机和目的地选择的因素后，冰雪旅游管理者应结合自身实际情况设计并制定相应的营销战略。冰雪旅游市场营销战略的制定，重点在于如何准确地找到适合的目标市场和明确的市场定位。

一、冰雪旅游市场细分

市场细分（Market Segmentation）是指企业按照某种标准将市场上的顾客划分成若干个顾客群，每一个顾客群构成一个子市场，不同子市场之间，需求存在着明显的差别。市场细分是冰雪旅游市场营销战略制定的前提条件。

（一）冰雪旅游市场细分的概念

冰雪旅游市场细分是指根据冰雪旅游市场不同消费者的需求特点、行为和习惯，将其细分为若干相似的消费群体的过程，即根据影响冰雪需求的明显特征，把冰雪旅游这一产品的整体市场细分为一个个细分市场，然后从产品计划、分销渠道、价格策略，直至促销策略等方面对细分市场采取相应的完整市场营销策略，使冰雪旅游产品和服务更符合不同消费者的需求，进而在各个细分的市场中提高竞争能力，增加销售额和占据较大市场份额。

冰雪旅游市场细分的主要依据在于：

（1）购买者的需求和欲望存在广泛的差异，这些差异由消费者所处的不同地理环境及多样的文化、社会、个人特征而形成，因此可以将整个冰雪旅游市场进行细分。

（2）不同消费者的需求在具有差异的前提下，也存在一定的相似性，所以可以聚集为不同的具有一定规模的细分市场。

（3）各冰雪旅游企业的营销能力和资源是有限的，无法同时满足所有细分市场的需求，因此，进行冰雪旅游市场细分是十分必要的。

（二）冰雪旅游市场细分的方法

通过对冰雪旅游市场概念的界定，可知有效的市场细分不是随便根据什么标准来进行的，也不能按所有影响冰雪旅游活动需求的因素来划分。在本章，我们主要从冰雪旅游服务的购买者这一整体市场的细分，介绍一些基本的冰雪旅游市场细分的细则和方法，具体来讲可按照人口统计变量、地理状况、心理特征和行为将冰雪旅游市场进行细分（见表6-1）。

表6-1   冰雪旅游市场细分的细则和方法

方法	标准	细则
人口统计变量	年龄	儿童市场、青年市场、中年市场、老年市场
	性别	男性市场、女性市场
	收入	高收入市场、中收入市场、低收入市场
	民族	各民族所呈现的不同需求特征
	职业及受教育程度	因职业及受教育程度不同而引发的需求差异
地理状况	地理位置	地理位置的差异体现为文化和社会价值观上的差异
	人口多寡及密度	一地区人口多寡及密度，决定了营销活动的成本和策略的选择
	气候	不同区域的气候因素影响
心理特征	生活方式	影响消费者对娱乐方式的选择
	态度	对不同态度的消费者，应采取不同的营销策略
	利益追求	参与冰雪旅游活动的目的不同
行为	使用率	发烧友、爱好者、初体验者
	使用情况	经常参与、偶尔参与、刚刚参与、可能参与
	忠诚度	使用者、支持者、倡导者

二、冰雪企业目标市场选择

在对冰雪旅游市场进行细分后，下一步需要对各个细分市场进行评估，并结合企业的实际情况来选择其中的一个或多个作为自己的目标市场。因此，在冰雪企业目标市场选择部分，我们将着重说明冰雪目标市场的选择策略。在实际工作中，一般会有五种目标市场的选择策略。

（一）密集单一市场

密集单一市场，即在众多的细分市场中选择其中的一个作为目标市场。这种策略有较大的潜在风险，如冰雪旅游游客的偏好突然发生转变，或有强大的潜在竞争者进入该细分市场，可能很容易在短时间内失去市场份额。

但无可争议的是，大量的事实表明，对那些资金有限的小型冰雪旅游企业来说，密集单一市场是一种非常有吸引力的且有效的目标市场选择策略。那些选择密集单一市场的冰雪旅游企业，可通过建立较强的市场地位、树立鲜明的形象来获取超越行业平均利润的收益。

（二）有选择的专门化

冰雪旅游管理者也可以选择若干细分市场作为目标市场来分散风险。如一些顶级的滑雪度假区同时选择竞技滑雪者、散客滑雪者、家庭滑雪者作为目标市场。

（三）市场专业化

市场专业化，主要是指冰雪旅游企业集中提供某一细分市场所需要的各种服务的策略。例如，儿童室内雪场只提供少儿滑雪所需要的滑雪设备、装备和趣味性的雪道等，以培养对滑雪运动的兴趣和爱好。冰雪旅游企业通过提供一系列专门为某一类消费者群体服务的产品，在获得良好声誉的同时，还可以打开冰雪产品的销路。

（四）产品专门化

产品专门化，即冰雪旅游企业提供适合冰雪旅游消费者需要的产品和服务的策略。例如，一些较大的滑雪度假区提供初级、中级和高级雪道以及趣味性的雪道，用以满足各类冰雪消费者的需求。

（五）完全市场覆盖

完全市场覆盖，即冰雪旅游企业利用各种产品满足各类顾客群体需要的策略。一个典型的例子就是大型的滑雪度假区，其提供的产品和服务不仅包括滑雪，还包括住宿、餐饮、购物、娱乐活动（游泳馆、棋牌室、夜间篝火等），甚至还包括滑雪服、滑雪机械等装备设施的定制、定做和销售。

三、冰雪企业目标市场定位

在确定目标市场后，接下来就面临着市场定位问题。市场定位的关键是树立有别于竞争者的产品或服务形象，并通过有效的宣传和推广使其在目标市场的消费者心中生根发芽，从而获取良好的竞争优势。

（一）冰雪旅游市场定位的概念

在选定某一细分市场作为目标市场后，冰雪旅游企业应考虑如何为自己的产品在所欲进入的市场中进行有效定位的问题。欲进入的市场往往存在一些捷足先登的竞争者，甚至有的冰雪旅游企业已树立了独特的品牌形象，如此一来，新进入的冰雪旅游企业就面临如何使自己的冰雪产品与现有竞争者的产品在市场形象上相区别的问题，这就是市场定位问题。反过来讲，市场定位的实质就是差异化，即有计划地树立本企业有别于竞争者的产品和服务形象，以便目标市场了解和认同自身的产品与服务。

在信息爆炸的今天，消费者大都被过量的产品和服务信息"轰炸"过。以滑雪度假区为例，游客不可能在作选择时对各家滑雪度假区重新进行评价，为此消费者往往会对滑雪度假区及其产品进行分类，即将滑雪度假区及其产品和服务在他们心目中"定个位置"，这种位置是消费者将某家滑雪度假区及其产品、服务与其他滑雪度假区相比较而得出的复杂的印象。当然，这一印象的形成过程，也是各家滑雪度假区应重视和加以引导的过程。滑雪度假区一旦有了有效的定位，就可使消费者产生深刻的、独特的印象和好感，对冰雪产品和品牌形成习惯性购买，从而不断巩固和发展滑雪度假区的市场份额。

（二）冰雪旅游市场定位的策略

在进行市场定位时，大致有以下六种策略可供选择。到底选择哪一种，冰雪旅游企业管理者需要根据所处的市场结构、营销资源和能力、经济社会文化等营销环境进行综合考虑。

1.比附定位

比附定位就是攀附名牌、比拟名牌来给自己的产品定位，以借助名牌效应来宣传自己的品牌。在实际操作中，具体的比附定位方法有三种：其一，甘居"第二"，即明确承认同类企业中另有最负盛名的品牌，自己不过是第二或第三而已。这种策略会使人们对该冰雪旅游企业产生一种谦虚诚恳的印象，从而自然而然地记住这个通常不易为人所重视和熟悉的序位。其二，攀龙附凤。该策略首先承认同类冰雪旅游市场中已存在卓有成就的品牌，本品牌自愧不如，但在本地区或某一个方面却能与这些最受消费者欢迎和信赖的品牌并驾齐驱。其三，奉行"高级俱乐部策略"，即借助群体的声望和模糊数字的手段，打出入会限制严格的俱乐部式的高级群体的牌子，强调自己是这一高级群体的一员，从而提高自己的定位形象。

2.属性定位

属性定位即根据特定的产品属性来定位。例如，亚布力阳光度假村就把自己的滑雪场定位为"滑雪爱好者的天堂"，以突出对滑雪爱好者尤其是高端滑雪人士的吸引力。

3.利益定位

这是根据冰雪产品所能满足的需求或所提供的利益、解决问题的程度来定位。例如，越野性滑雪场定位为"体验滑雪的原始魅力"，室内滑雪场定位为"在夏季依然可以享受滑雪乐趣"等。

4.与竞争者划定界限的定位

与竞争者划定界限即与某些知名而又司空见惯的产品作出明显的区分，给自己的产品定一个相对的位置。例如，一些滑雪度假区为延长经营时间而开发的"滑草"项目，即在非雪季期间，采用特制的工具在草坪上"滑雪"。这种做法，既有利于滑雪度假区经营范围的扩大，也有利于打造自身独特的形象。

5.空档定位

空档定位即企业寻找市场上尚无人重视或未被竞争者控制的位置，推出的冰雪旅游产品和服务能适应这一潜在目标市场需求的做法。冰雪旅游企业管理者在作出该决策时，必须对以下三个方面有足够的把握：其一，提供这种新产品或服务在技术上是可行的；其二，按既定的价格水平，在经济上是可行的；其三，有足够数量的喜欢这种新产品的潜在购买者。比如，在我国东北、西北和西南地区大力发展室外滑雪场、人们的滑雪热情兴起之时，在上海等地却出现了室内滑雪场，虽然规模较小且设施简单，却在当时的市场条件下取得了良好的经济效益。

6.质量／价格定位

质量／价格定位即结合质量和价格来定位。冰雪旅游产品和服务的质量及价格是消费者在选择滑雪度假区时最关注的两个要素，且往往需综合考虑，这与人们经常强调的"物有所值""一分价钱一分货"有相通之处。例如，近郊的小型滑雪度假区或著名滑雪度假区周围的小型滑雪度假区经常采取较低的价格来"分食"客源。

第三节　冰雪旅游产品

一、冰雪旅游市场的特征

拓展资料6.1

冰雪旅游市场特指那些依托丰富的冰雪资源，集冰雪运动、冰雪观光、冰雪度假等多维度体验于一体的专项旅游市场。这一市场展现出了鲜明的季节性、地域性和体验性特征。

从季节性的角度来看，冰雪旅游市场的活动周期主要集中在冬季，这是因为冰雪资源的自然属性决定了其在冬季的丰富与可利用性。这一特点使得冰雪旅游成为冬季旅游的重要组成部分，吸引了大量追求冰雪体验的游客。

地域性则是冰雪旅游市场的另一显著特点。由于冰雪资源的分布不均，我国的冰雪旅游主要集中在北方地区，尤其是东北、华北以及西北的部分地区。这些地区的寒冷气候和丰富的雪资源为冰雪旅游提供了得天独厚的条件，使得它们成为国内外游客竞相前往的旅游目的地。

体验性则是冰雪旅游市场的核心吸引力所在。冰雪旅游不仅提供了滑雪、滑冰等刺激的运动体验，还包括观赏冰雕、雪景等视觉盛宴，以及体验冰雪温泉、冰雪民宿等独特的度假方式。这些多元化的体验让游客在冰雪旅游中收获了难忘的回忆和独特的感受。

冰雪旅游市场以其鲜明的季节性、地域性和体验性特点，成为旅游行业中的一个重要细分领域。随着冰雪旅游资源的不断开发和旅游服务的不断完善，相信冰雪旅游市场将会在未来继续保持蓬勃的发展态势，为游客提供更多元化、更高品质的旅游体验。

二、冰雪旅游产品的概念及分类

（一）冰雪旅游产品的概念

冰雪旅游产品是指以冰雪资源为基础，结合旅游市场需求，通过创意设计和开发，为游客提供的一系列与冰雪相关的旅游体验和服务。下面，我们将从冰雪观光体验、运动休闲项目、冰雪节庆活动、专业赛事观赏、冰雪文艺演艺、专项体验活动、休闲度假产品以及雪地装备服务等方面，对冰雪旅游产品进行深入解析。

（二）冰雪旅游产品的分类

1.冰雪观光体验

冰雪观光体验是冰雪旅游产品的核心组成部分，它利用独特的冰雪景观，如冰瀑、雪原、冰雕等，为游客带来视觉上的震撼和心灵的触动。游客可以通过参观冰雪景区、冰雕展览、雪景摄影等方式，近距离感受冰雪的魅力和神奇。

2.运动休闲项目

冰雪旅游产品中的运动休闲项目，主要涵盖滑雪、雪地摩托、雪橇、雪地徒步等冰雪运动。这些项目不仅能让游客在冰雪世界中尽情释放身心，体验速度与激情，同时也是一种健康、时尚的休闲方式。

3.冰雪节庆活动

冰雪节庆活动是冰雪旅游产品的重要组成部分，如冰雪嘉年华、冰雪文化节等。这些活动通常以冰雪为主题，通过举办各种丰富多彩的文化演出、民俗活动、冰雪赛事等，为游客提供一个欢乐、祥和的节日氛围。

4.专业赛事观赏

冰雪旅游产品中还包括专业冰雪赛事的观赏项目，如滑雪比赛、冰球比赛等。游客可以近距离观看运动员们的精彩表现，感受冰雪运动的竞技魅力和精神内涵。

5.冰雪文艺演艺

冰雪文艺演艺是冰雪旅游产品中的一大亮点，它通过歌舞、戏剧、杂技等表演形式，将冰雪元素与文艺演出相结合，为游客带来一场视觉和听觉的盛宴。

6.专项体验活动

冰雪旅游产品还包括一系列专项体验活动，如雪地露营、冰钓、雪地烧烤等。这些活动旨在让游客在冰雪世界中体验更多元的旅游乐趣，增进对冰雪文化的了解和认识。

7.休闲度假产品

冰雪旅游产品的另一重要组成部分是休闲度假产品，如温泉度假酒店、冰雪主题度假村等。这些产品为游客提供了一个舒适、安逸的休闲环境，让游客在享受冰雪乐趣的同时，也能得到身心的放松和调养。

8.雪地装备服务

雪地装备服务是冰雪旅游产品的重要保障，它包括为游客提供滑雪板、雪鞋、保暖衣物等冰雪运动所需的专业装备，以及装备的租赁、维护和保养等服务。这些服务为游客的冰雪之旅提供了便利和保障，确保游客能够安全、愉快地享受冰雪旅游的乐趣。

第四节　冰雪旅游产品价格

一、冰雪旅游产品价格制定

冰雪旅游产品价格的制定是各冰雪企业、滑雪度假区经营活动中至关重要的环节，它涉及成本分析、市场需求、竞争态势等多个方面。合理的价格制定不仅能确保企业的利润，还能提升产品的市场竞争力，吸引更多游客。本节主要从成本分析与核算、市场需求调研、竞争对手分析等方面，探讨冰雪旅游产品价格的制定及具体策略。

（一）成本分析与核算

成本分析与核算是冰雪旅游产品价格制定的基础。企业需要详细分析并核算冰雪旅游产品的各项成本，包括直接成本（如交通、住宿、餐饮等成本）和间接成本（如管理费用、营销费用等）。通过对成本的准确核算，冰雪企业、滑雪度假区可以了解产品的成本构成，为价格制定提供有力的参考数据。

（二）市场需求调研

市场需求调研是了解游客对冰雪旅游产品需求和支付意愿的重要手段。冰雪企业、滑雪度假区需要通过问卷调查、访谈、数据分析等方式，获取游客对旅游产品的期望价格、购买意愿等信息。

（三）竞争对手分析

竞争对手分析是冰雪旅游产品价格制定中的关键环节。企业需要了解竞争对手的定价策略、冰雪产品特点以及市场占有率等信息，以便在制定价格时考虑到竞争对手的影响。通过对竞争对手的分析，企业可以制定更具竞争力的价格策略，抢占市场份额。

（四）冰雪产品定位与价值

冰雪产品定位与价值是确定冰雪旅游产品价格的重要依据。企业需要根据产品的特色、品质、服务等方面，明确产品的市场定位和目标客户群体。同时，企业需要评估冰雪产品的价值，包括产品对游客的吸引力、独特性等因素，从而确定合理的价格水平。

（五）营销策略与渠道

营销策略与渠道对冰雪旅游产品价格的制定也有重要影响。企业需要根据产品的定位和目标客户群体，选择合适的营销策略和渠道。例如，对于高端冰雪旅游产品，企业可以选择通过高端旅行社、网络平台等渠道进行推广和销售，并设定较高的价格。而对于中低端冰雪旅游产品，企业可以选择通过大众媒体、线下门店等渠道进行宣传和销售，并设定相对亲民的价格。

二、冰雪旅游产品价格策略

冰雪旅游作为一种特色旅游形式，以其独特的自然景观和丰富的冰雪活动吸引了大量游客。冰雪旅游产品的价格策略对于提升产品的市场竞争力、满足游客需求以及实现企业的盈利目标具有重要意义。我们将围绕成本导向定价、市场需求定价、竞争导向定价、季节性折扣、套餐与组合优惠、会员优惠制度以及灵活价格调整等方面，对冰雪旅游产品价格策略进行分析。

（一）成本导向定价

成本导向定价是冰雪旅游产品价格策略的基础。企业在制定价格时，首先需要考虑产品的成本，包括直接成本和间接成本。直接成本主要包括冰雪场地的租赁、设备的购置和维护、人员的工资等；间接成本则包括市场推广、管理费用等。通过合理核算成本，企业可以确保定价不低于成本，从而避免亏损。

（二）市场需求定价

市场需求定价是根据游客对冰雪旅游产品的需求和支付意愿来确定价格。企业需要对目标市场进行深入调研，了解游客的需求特点、支付能力以及消费习惯等信息。根据这些信息，企业可以制定符合市场需求的价格，以提高产品的市场接受度。

（三）竞争导向定价

竞争导向定价是考虑竞争对手的定价策略来制定自己的价格。在冰雪旅游市场中，竞争对手的定价水平、产品质量以及服务品质等因素都会影响游客的选择。企业需要密切关注竞争对手的定价策略，并根据自身产品的特点和市场定位来制定具有竞争力的价格。

（四）季节性折扣

冰雪旅游具有明显的季节性特点，冬季是旅游高峰期，价格相对较高；而春季和夏季由于冰雪融化，游客数量减少，价格则相对较低。企业可以根据季节变化制定不同的价格策略，以吸引更多游客。此外，企业还可以通过推出折扣活动，如提前预订优惠、团队优惠等，来提高游客的购买意愿。

（五）套餐与组合优惠

为了提升游客的购买体验，企业可以设计多种冰雪旅游套餐和组合优惠。例如，将冰雪运动项目与酒店住宿、餐饮等服务相结合，以套餐形式提供给游客。此外，企业还可以推出组合优惠，如购买多个冰雪旅游项目可享受一定折扣，以吸引游客进行更多消费。

（六）会员优惠制度

为了维护老客户的忠诚度，企业可以设立会员制度，为会员提供专属优惠和服务。例如，为会员提供积分累计、会员折扣、会员活动等福利，以激发会员的购买欲望和重复消费意愿。通过会员制度，企业可以建立稳定的客户群体，提高市场竞争力。

（七）灵活价格调整

冰雪旅游市场受到多种因素的影响，如天气、政策等。因此，企业需要保持价格策略的灵活性，根据市场变化及时调整价格。当市场需求旺盛时，企业可以适当提高价格；而当需求不足时，则需要通过降低价格或推出优惠活动来刺激游客消费。

第五节　冰雪旅游营销渠道

一、营销渠道概述

营销渠道是企业实现产品或服务价值转化的关键环节，它涉及企业与最终消费者之间的所有中间环节。合理选择和构建营销渠道，不仅可以提高企业的市场竞争力，还能有效地降低运营成本，实现利润最大化。

（一）渠道类型与特点

营销渠道的类型多种多样，主要包括直销渠道、经销渠道、代理渠道、电商渠道等。每种渠道都有其独特的特点和适用场景。

直销渠道直接面对消费者，能够建立品牌形象，但需要投入大量的人力、物力；经销渠道通过经销商拓展市场，能够快速覆盖更多区域，但需要管理好经销商关系；代理渠道利用代理商的专业能力和资源，降低市场开拓难度，但需要注意代理商的忠诚度问题；电商渠道具有便捷、高效的特点，能够迅速吸引年轻消费群体，但需要注重线上线下的融合。

（二）渠道选择与定位

企业应根据自身的产品特点、市场定位和目标客户群体，选择合适的营销渠道。在选择渠道时，需考虑渠道的覆盖范围、成本效益、风险控制等因素。同时，企业还要对渠道进行定位，明确渠道在整体营销战略中的地位和作用，以便更好地发挥渠道的优势。

（三）渠道建设与管理

渠道建设包括渠道网络的构建、渠道关系的维护以及渠道政策的制定等方面。企业应根据市场需求和渠道特点，合理规划渠道网络，确保渠道能够覆盖目标市场。同时，企业还要加强与渠道成员的沟通与协作，建立稳定的合作关系。在渠道管理方面，企业应制定明确的渠道政策，规范渠道成员的行为，确保渠道的健康有序发展。

（四）渠道效果评估

对营销渠道的效果进行评估是优化渠道策略的重要依据。企业可以通过销售额、市场份额、客户满意度等指标来衡量渠道的效果。同时，企业还要关注渠道的成本效益，确保投入与产出相匹配。通过定期评估渠道效果，企业可以及时调整渠道策略，提高渠道效率。

（五）渠道创新与优化

随着市场环境的变化和消费者需求的升级，企业应不断进行渠道创新和优化。通过引入新技术、新模式或新方法，提高渠道的效率和竞争力。同时，企业还要关注市场趋势和新兴渠道的发展，及时调整渠道策略，以适应市场的变化。

二、冰雪旅游营销渠道种类

冰雪旅游营销渠道是多种多样的，旨在通过各种途径吸引和接触潜在游客，促进冰雪旅游产品的销售和品牌传播，助力冰雪旅游发展。

（一）线上营销渠道

（1）通过建设专业、吸引游客的官方网站和移动应用，提供详细的旅游信息、在线预订和支付功能，方便游客随时随地进行查询和购买。

（2）利用微博、微信、抖音等社交媒体平台，发布冰雪旅游相关的图文、视频内容，吸引用户的关注和互动，提高品牌知名度。

（3）与在线旅游平台合作，将冰雪旅游产品上线，扩大产品的曝光度和营销渠道。

（二）线下营销渠道

（1）旅游博览会与推介会：参加国内外知名的旅游博览会和推介会，展示冰雪旅游的独特魅力，与潜在客户面对面交流，达成合作意向。

（2）与旅行社合作：与各地旅行社建立合作关系，通过旅行社的渠道销售冰雪旅游产品，扩大市场份额。

（3）户外广告与宣传册：在机场、火车站、高速公路等交通枢纽以及旅游景区周边投放户外广告，发放宣传册，提高冰雪旅游产品的知名度和吸引力。

（三）体验式营销渠道

（1）冰雪旅游节与主题活动：举办冰雪旅游节、冰雪嘉年华等主题活动，邀请游客亲身体验冰雪运动的乐趣，感受冰雪文化的魅力。

（2）冰雪运动赛事：借助冰雪运动赛事的举办，吸引国内外游客前来观赛，同时推广冰雪旅游产品和品牌。

（四）合作联盟渠道

（1）跨行业合作：与航空、酒店、餐饮等旅游相关行业进行合作，共同推出优惠套餐和联合活动，扩大受众群体，提升市场影响力。

（2）区域合作：加强与其他冰雪旅游目的地的合作与交流，共同打造冰雪旅游品牌，实现资源共享和互利共赢。

（五）口碑营销渠道

（1）优质服务与口碑传播：提供高品质的冰雪旅游产品和服务，让游客在体验过程中产生良好的口碑传播效应，吸引更多潜在游客。

（2）与意见领袖和网红合作：邀请旅游博主、网红等前来体验冰雪旅游，通过他们的分享和推荐，吸引更多粉丝关注和参与。

第六节　冰雪旅游促销

冰雪旅游市场正逐渐成为旅游业的热点，为了在这个竞争激烈的市场中脱颖而出，制定一套有效的促销策略至关重要。

一、冰雪旅游市场促销种类

冰雪旅游市场的促销种类丰富多样，旨在吸引和留住游客，提升旅游目的地的知名度和美誉度。当前，较常见的冰雪旅游市场促销种类包括：

（一）季节性折扣

针对冰雪旅游的旺季和淡季，提供不同幅度的价格优惠。旺季折扣可能较为有限，主要用于吸引对价格不太敏感的游客；而淡季折扣则更为显著，以刺激游客在旅游淡季前来体验。

（二）团体优惠

为组织团队旅游的机构或企业提供优惠价格，以吸引更多团体游客。这种优惠方式有助于提升旅游目的地的团体旅游市场份额。

（三）联合推广

与其他旅游相关产业，如航空公司、酒店、餐饮等合作，共同推出优惠套餐或活动。这种联合推广有助于提升整个旅游产业链的竞争力，实现资源共享和互利共赢。

（四）主题活动

举办冰雪主题的文化节、嘉年华、冰雪运动赛事等，吸引游客参与。这些活动不仅可以丰富游客的旅游体验，还可以提升旅游目的地的文化内涵和品牌形象。

（五）口碑营销

鼓励满意的游客在社交媒体上分享他们的旅游经历和评价，形成良好的口碑效应。同时，可以邀请旅游博主、网红等意见领袖前来体验并分享，以扩大影响力。

（六）跨界合作

与电影、音乐、时尚等领域进行跨界合作，推出联名产品、主题活动等，借助其他领域的热门IP吸引更多粉丝关注并参与冰雪旅游。

二、冰雪旅游销售形式

（一）直接销售

冰雪旅游景区或旅游公司直接面向消费者进行销售。这包括在官方网站或实体售票处提供门票、住宿和套餐预订服务。直接销售的优势在于能够实时更新产品信息，提供个性化的服务，并直接与消费者建立联系，便于收集反馈和改进服务。

（二）旅行社代理销售

与旅行社建立合作关系，通过旅行社渠道销售冰雪旅游产品。旅行社通常会提供包括交通、住宿、门票等在内的全方位服务，为消费者提供一站式的旅游解决方案。

（三）在线旅游平台销售

利用在线旅游平台进行销售，这些平台具有广泛的用户基础和强大的营销能力，可以帮助冰雪旅游产品快速触达潜在消费者。在线旅游平台通常提供丰富的产品选择和优惠活动，吸引消费者进行预订。

1.预售与限时优惠

通过预售或限时优惠的形式，提前锁定消费者的购买意愿。这种销售形式能够刺激消费者的购买欲望，并帮助冰雪旅游景区提前规划和管理游客流量。

2.团体销售

针对团队或大型企业客户，提供定制化的冰雪旅游方案和优惠价格。团体销售通常具有较大的订单量和稳定的客源，对于提升冰雪旅游景区的知名度和市场份额具有重要作用。

❄ 本章小结

旅游营销是保证旅游活动顺利开展以及旅游目的地、景区、旅游企业与旅游者和当地居民实现经济上的平衡的重要桥梁。本章从旅游营销策划的基本理论、冰雪旅游产品、冰雪旅游产品价格、冰雪旅游营销渠道和冰雪旅游促销角度展开分析，希望学生熟悉冰雪旅游市场的现状、发展趋势和竞争格局，并且掌握冰雪旅游市场营销策划的基本理论，为制定有针对性的冰雪营销策略提供依据。

❄ 即测即练

❄ 思考题

1.结合冰雪旅游市场营销管理内容，简述冰雪旅游市场营销管理的基本流程。

2.结合本章内容，谈谈你如何理解冰雪旅游产品的概念。

3.各冰雪旅游企业应该如何制定冰雪旅游产品价格？

4.冰雪旅游营销渠道主要包括哪些？

5.随着"带动三亿人参与冰雪运动"成果的巩固与持续扩大，你如何看待冰雪旅游市场发展趋势？

第七章

冰雪旅游服务质量

发展高水平旅游业，要抓硬件，更要抓软件，特别要提高服务质量、推进精细化管理，以优质服务赢得旅客的笑脸和称赞，赢得持久的人气和效益。

——2013年4月10日，习近平总书记在海南考察时的讲话

❄ 知识目标

1.了解冰雪旅游服务质量的基本概念。

2.熟悉冰雪旅游服务质量的特征、构成要素。

3.掌握冰雪旅游服务质量的改进管理措施。

❄ 能力目标

1.掌握SERVQUAL的服务质量评价方法，并能够应用该方法评估冰雪旅游服务的质量。

2.具备良好的团队合作精神，具备提供优质服务的能力。

❄ 思政目标

1.培养批判性思维，激发创新意识，引导学生精准剖析并有效解决冰雪旅游服务质量问题，推动冰雪旅游服务的创新发展。

2.强化可持续发展理念，引导学生在提升冰雪旅游服务质量的过程中，深刻理解并践行经济效益、社会效益与环境效益的有机平衡。

❄ 思维导图（知识架构图）

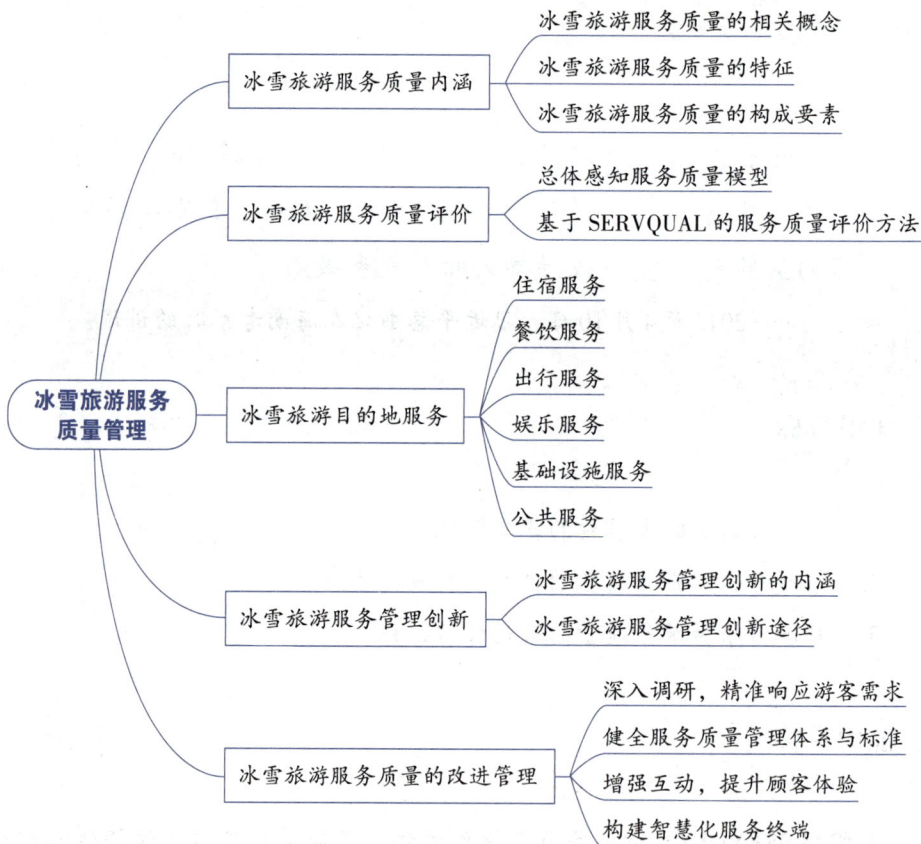

冰雪旅游服务质量管理
- 冰雪旅游服务质量内涵
  - 冰雪旅游服务质量的相关概念
  - 冰雪旅游服务质量的特征
  - 冰雪旅游服务质量的构成要素
- 冰雪旅游服务质量评价
  - 总体感知服务质量模型
  - 基于SERVQUAL的服务质量评价方法
- 冰雪旅游目的地服务
  - 住宿服务
  - 餐饮服务
  - 出行服务
  - 娱乐服务
  - 基础设施服务
  - 公共服务
- 冰雪旅游服务管理创新
  - 冰雪旅游服务管理创新的内涵
  - 冰雪旅游服务管理创新途径
- 冰雪旅游服务质量的改进管理
  - 深入调研，精准响应游客需求
  - 健全服务质量管理体系与标准
  - 增强互动，提升顾客体验
  - 构建智慧化服务终端

❄ 导入案例

万龙度假天堂

万龙滑雪场于2003年5月开发建设，经过十年的潜心发展，万龙逐渐被打造成为我国第一座国际滑雪度假区，以四季旅游度假为主，同时开展滑雪旅游、山地观光休闲旅游和森林旅游，于2007年被国家旅游局评为国内以滑雪为特色的国家4A级旅游景区。万龙于2015年率先在国内雪场重金打造室内滑雪体验区。万龙还有600平方米的旱雪区，针对不同年龄、不同滑雪水平的小朋友开展不同的教学内容，培养孩子的滑雪兴趣。

1.硬件设施

万龙除了地形坡度的自然优势之外，在硬件配套方面力求最好，积极引进奥地利SUFAG粉雪造雪炮和德国鲍尔压雪车，为游客提供雪质优良的雪道。在滑雪器具方面，2016—2017年雪季，万龙在原有1 000多套高级雪板的基础上，又斥资购买FISCHER（菲舍尔）、NORDICA（诺迪卡）、HEAD（海德）、ELAN（伊兰）、DYNASTAR（戴纳斯达）、SALOMON（萨洛蒙）六个国际知名品牌的顶级滑雪板各100套。儿童雪具在原有的170副SALOMON儿童雪板的基础上，增加150副DYNASTAR顶级儿童滑雪板。整个滑雪场共计有24条不同坡度、地形的雪道，从海拔2 110米处延伸至垂直落差554米下的基地，野雪雪域和树林面积达2 000万平方米，能够满足不同级别雪友的滑雪需求。与此同时，万龙获得国际雪联（FIS）的雪道认证，能够承办各种大型国际赛事，如国际雪联"远东杯"积分赛等。高标准规划设计的滑雪道成为哈萨克斯坦滑雪队、俄罗斯滑雪队、中国国家滑雪队、中国所罗门国家青年队以及日韩等国家专业滑雪队指定训练基地。

2.配套设施

万龙滑雪场的雪具大厅内设有免费存放雪具的柜台和多个租售窗口，可减少游客排队等候时长，提升体验感。在住宿方面，万龙建设了滑进滑出、私属缆车的雪场公寓和酒店。其中，双龙酒店是中国最早的一家大型雪场酒店，四星标准，环境优越；万龙国际公寓则采用管家式物业服务，直接拎包入住，同样可滑进滑出，优享室内停车场。在饮食方面，万龙滑雪场内拥有东北味、川人川味、龙火锅、自助西餐厅、雪场快餐厅五家餐厅，满足游客的多重需求。另外，万龙还注重丰富旅游服务业态，除餐饮美食之外，咖啡厅、KTV、温泉洗浴等一应俱全，保证游客尽享游乐。

（资料来源：李云鹏，方琰．滑雪旅游概论［M］．北京：首都经济贸易大学出版社，2021.）

案例思考题：

1.根据案例，你是如何理解服务质量的？

2.你觉得万龙滑雪场的配套设施具有哪些特点？对冰雪旅游的经营管理具有哪些启示？

第一节　冰雪旅游服务质量内涵

一、冰雪旅游服务质量的相关概念

（一）质量的概念

随着收入的增加，人们不再局限于最基本的物质和精神需要，而是越来越关注生活的品质。这种高生活品质不仅体现在对于新产品的追求，更体现在对于产品和服务质量的重视。当前，对质量概念的理解，比较流行的有"符合性质量"和"适用性质量"两种观点。

符合性质量是从企业自身层面对质量作出判断，典型代表人物是克劳士比（Philip Crosby），他认为质量就是符合要求。要求或规范往往属于技术层面，包括产品的尺寸、硬度、强度、色彩等各方面的技术指标。这些指标通常都可以采用科学的方法进行测评和控制，企业往往通过检测来判断产品质量。因此，规范或要求就成为衡量产品合格与否的依据。只有产品达到了所有的规范或要求，才属于合格的产品。但是，不能片面地理解为符合要求的就是高质量的产品，要求和规范的制定必须与时俱进。

与"符合性质量"不同的是，"适用性质量"是从顾客层面对质量作出的判断，它与现代市场营销理念中提出的以市场为基础、以顾客为中心的观点相一致。其典型代表人物是朱兰（Joseph M.Juran），他认为质量应该是具有适用性的，适用性的基础是顾客需求。所谓适用性是指"产品在使用期间能满足使用者的需求"。企业所制定的产品要求或规范对于顾客意义并不大，顾客也很难理解各种技术术语以及相应的要求，顾客更关心产品是否适用。

"符合性质量"和"适用性质量"虽然从两个不同的角度对质量进行了探讨，但可以很好地达成一致，企业必须有专人充分调研顾客需求，然后再将顾客需求转化为一定的要求或规范，员工严格按照这些要求或规范进行操作，最终根据顾客满意度测评结果，作为下一轮要求或规范的改进依据。

（二）旅游服务质量的概念

关于服务质量的概念内涵尚未形成统一的标准。1984 年，格罗鲁斯（Gronroos）将服务质量理论引入旅游学的研究范围中，并提出了旅游服务质量的概念。为了更好地衡量不同服务行业之间的服务质量差异，采用SERVQUAL 模型进行服务质量测量和评价已成为当前最为普遍且具有代表性的方法之一。该模型能够发现企业在服务质量方面存在的问题，找出其原因，并提供解决方案。

从需求角度来看，旅游服务的主体是旅游组织，客体为游客，旅游组织要想赢得游客满意，就必须充分考虑、理解并满足游客需求。旅游服务质量是旅游组织满足游客需求的程度。旅游组织首先必须确定服务对象，明确游客的需求，将其需求转化为旅游服务质量特性。旅游服务质量通过质量特性表现出来，一般而言，旅游服务质量包括安全性、功能性、愉悦性、时间性和文明性等质量特性。

安全性是指保障游客的生命财产安全，这是对旅游服务质量最基本的要求。安全涵盖交通安全、住宿安全、餐饮安全、景区游乐安全等内容。

功能性是指旅游组织有没有帮助游客解决问题。如酒店的功能性是指是否为游客提供了舒适的住宿环境，游客选择旅游组织的根本目的在于其功能性。

愉悦性是游客参与旅游服务的最终目标，高质量的旅游服务，应该能够使旅游者精神放松、心情舒畅，令其留下难以忘怀的印象。

时间性是指旅游组织在提供旅游服务时需要有时间概念，主要包括及时、准时、省时三个方面的内容。及时是指当游客遇到问题时，服务人员能够及时准确地提供服务以免游客长时间等待。准时是指旅游组织能够按照事先约定的时间准时地为游客提供服务。省时是指旅游组织在提供服务时应该提高工作效率，避免服务时间过长引起顾客的焦虑。

文明性主要体现在两个方面：一方面，服务人员应具有较高的服务水平，为顾客提供细致周到的服务；另一方面，游客之间也应该有良好的交往氛围，共同营造温馨和谐的服务环境。

（三）冰雪旅游服务质量的概念

冰雪旅游服务质量是指在参与冰雪旅游活动的过程中，旅游服务提供者所展现出来的服务水平和能力，以满足游客在各个方面的需求和期望。这一概念涵盖了多个关键方面，确保游客能够享受到一次愉快且难忘的冰雪旅游体验。

第一，服务态度是冰雪旅游服务质量的重要组成部分。服务人员的态度直接决定了游客的整体感受。热情、友好、耐心的服务态度能够让游客感到宾至如归，从而提升整体满意度。相反，冷漠、不耐烦或不专业的服务态度则可能导致游客体验大打折扣。

第二，专业技能是冰雪旅游服务质量的核心要素。冰雪旅游活动往往需要特定的技能和知识，如滑雪、滑冰等。服务提供者必须具备这些技能，并能够有效地传授给游客，确保游客在参与活动时的安全和乐趣。此外，服务人员还应具备急救知识和应急处理能力，以便在紧急情况下迅速采取行动。

第三，设施设备是冰雪旅游服务质量的物质基础。高质量的冰雪旅游设施设备不仅能够提升游客的体验，还能确保游客的安全。例如，滑雪场的缆车、索道、滑雪道等设施必须符合安全标准，滑雪板、雪橇、冰鞋等设备也应定期维护和检查。

第四，安全措施是冰雪旅游服务质量的重要保障。冰雪旅游活动本身就存在一定的风险，因此，服务提供者必须制定和执行严格的安全措施，以最大限度地减少意外事故的发生。这包括提供安全培训、设置警示标志、配备必要的安全设备等。同时，服务人员应具备应对突发事件的能力，确保游客在紧急情况下的安全。

第五，环境氛围是冰雪旅游服务质量的隐性因素。一个良好的环境氛围能够提升游客的整体体验。这包括清洁的环境、友好的氛围、有序的管理等。服务提供者应注重细节，确保游客在享受冰雪乐趣的同时，也能感受到舒适和愉悦。

综上所述，冰雪旅游服务质量是一个多维度的概念，涵盖了服务态度、专业技能、设施设备、安全措施和环境氛围等多个方面。只有在这些方面都做到位，才能真正提升游客的满意度，使冰雪旅游活动成为一次难忘的经历。

二、冰雪旅游服务质量的特征

冰雪旅游服务质量对于增强游客满意度、提高旅游企业的竞争力，起着非常重要的作用。冰雪旅游服务质量的特征体现为主观性、差异性、过程性、整体性。

（一）主观性

冰雪旅游服务质量具有较强的主观性，这种主观感受会受到冰雪旅游景区本身提供的质量和游客自身期望的影响。在旅游之前，游客会受到过去的旅游经验、自身的需求、旅游目的地的口碑和网络媒体的宣传等的影响，对旅游目的地形成一种期望。评价会因游客期望的不同产生差异性，当游客对旅游服务期望较高时，对冰雪旅游景区的质量评价可能会相对较低；当游客对旅游服务期望较低时，对冰雪旅游景区的服务质量的评价反而可能会更高。

（二）差异性

从游客方面来看，冰雪旅游服务质量会受到游客的主观性影响，对于同一服务质量，由于每个游客的期望、偏好不同，因此，对同一服务质量会存有差异性。从服务人员来看，由于每个服务人员的素质、技能、经验以及服务意识等方面存在差异，因此，在一定程度上会导致提供的同一种服务存在差异，由此会让游客产生感知服务质量的差异性。

（三）过程性

冰雪旅游服务本身就是一个过程，游客参与到生产过程中去，体验整个旅游服务过程给予游客带来的愉悦和舒心感受。在这个过程中，每一环节都会对游客服务质量感知产生影响。因此，冰雪旅游景区必须注重整个服务过程的管理。

（四）整体性

冰雪旅游服务质量并非单一维度的概念，而是一个具有整体性的体系，它贯穿于游客从产生旅游意向到旅游结束后的整个过程，对冰雪旅游行业的发展起着关键作用。在旅游前的准备阶段，服务质量体现在信息的准确性和可获取性上。景区应确保其官方网站、社交媒体平台等渠道能够及时、准确地发布各类信息。旅游过程中，各个环节的服务质量更是直接影响游客的体验。旅游结束后，服务质量的体现则在于对游客反馈的重视程度。景区应建立有效的反馈机制，及时收集游客的意见和建议。对于游客提出的问题和不满，要认真对待并及时进行整改，不断优化服务质量。

三、冰雪旅游服务质量的构成要素

冰雪旅游服务质量的构成要素，是指那些直接影响游客获得或享受冰雪旅游服务的质量要素。从服务过程这一纵向角度来划分，冰雪旅游服务质量包括技术质量和功能质量（Christian Grönroos，1982）。冰雪旅游景区在提升服务质量的时候，不能只关注某一方面，游客在接受服务的时候，关注的是服务的方方面面，任何一个细节的问题，都有可能降低游客对冰雪旅游服务质量的评价。冰雪旅游景区需要注意服务质量的构成要素，尤其是与游客接触环节的要素。

技术质量是游客接受旅游服务的所得，即游客得到了什么服务。技术质量也被称为结果质量，是由旅游服务生产过程的结果所形成的。技术质量表明冰雪旅游景区提供什么样的服务，质量的结果是为游客解决问题。与技术质量不同的是，功能质量更多强调服务的过程，即游客如何得到这些服务。游客对于结果质量的衡量是比较客观的，而对功能质量的评价取决于游客的主观判断。随着竞争的日益激烈，技术质量无法使冰雪旅游景区与竞争对手区别开来，冰雪旅游景区需要通过功能质量突出其差异性，提升行业的竞争力，让游客享受服务的过程。

技术质量和功能质量是服务项目质量、服务人员质量、服务设施质量、服务物品质量和服务环境质量共同作用的结果。因此，我们还可以进一步对冰雪旅游服务质量进行划分：

（一）冰雪旅游服务项目质量

服务项目质量主要涉及冰雪旅游服务提供的内容和服务提供的方式。从内容上来看，冰雪旅游景区提供的服务是否能够满足游客的需要，如冰雪旅游景区是否能够提供高质量的服务来满足游客生活的需要。从提供的方式上，冰雪旅游景区是否便利，服务流程是否合理，服务时间和方式是否人性化，都会影响冰雪旅游服务质量。

（二）冰雪旅游服务人员质量

在对客服务过程中，服务人员成为影响冰雪旅游服务质量的决定性因素。冰雪旅游服务人员质量包括服务人员的接待质量和服务人员的形象质量。滑雪场的服务能力是提升游客满意度的重要支撑，纵观我国北方优秀的、口碑好的滑雪场，无一不对游客提供优质的服务。柯营营、徐克帅等（2019）发现旅游交通与景观、旅游景区设施以及景区服务人员、游客自身的滑雪技术都会影响游客的滑雪旅游体验。但滑雪场在管理的过程中，也反映出一些问题，如由于缺乏严格的管理制度，导致滑雪场管理松散，工作人员效率低，集中体现在取票、检票和取还雪具等方面（邓经辉等，2023）。

（三）冰雪旅游服务设施质量

冰雪旅游服务设施质量会对游客的体验产生影响，从而影响冰雪旅游服务的效果。如滑雪场的设施设备直接关系到游客的旅游体验，甚至是生命安全。Pikkemaat 等（2020）研究发现，天气、服务质量、坡度、滑雪缆车的快速服务等都会影响游客的滑雪体验。

（四）冰雪旅游服务物品质量

在冰雪旅游服务场所，游客会接触到各种服务物品，如滑雪场提供的滑雪设备与滑雪设施等，这些有形物品的质量好坏会影响游客的滑雪体验，也会影响游客对服务质量的评价。在滑雪场，即使服务人员的态度再好，如果滑雪的设施设备出现问题，也会对游客的生命健康造成严重的威胁，降低游客的满意度。

（五）冰雪旅游服务环境质量

冰雪旅游服务环境是游客进入服务场所对服务质量的第一印象。好的环境会让游客感觉更加舒适，而糟糕的环境不仅会让游客不适，还会引起游客对其他服务质量要素的怀疑，丧失接受服务的信心。部分滑雪场所对于细节管理不完善，如在景区内缺乏有效的标识、游玩的流程告知及应急处理方案等，以及疏于环境保护造成的滑雪场周围环境的破坏等问题（邓经辉等，2023）。

服务项目、服务人员、服务设施、服务物品和服务环境五大旅游服务质量维度共同构成了旅游服务质量管理的对象，这些要素直接决定了冰雪旅游服务质量的高低，虽然不能囊括游客的所有质量要求，但有助于提升冰雪旅游服务质量。

一、总体感知服务质量模型

（一）总体感知服务质量模型的内涵

1982年，芬兰学者格罗鲁斯第一次提出了"顾客感知服务质量"的概念，他强调服务质量是顾客的一个主观体验过程，顾客在进行旅游体验的过程中，会将感知到的实际服务与自身对旅游目的地的期望进行比较，比较的结果就是顾客感知的服务质量。

1984年，格罗鲁斯提出了总体感知服务质量模型，如图7-1所示。2000年，格罗鲁斯对该模型进行了修正，如图7-2所示，新模型更加关注企业的形象问题。其中，顾客的期望会受到多种因素的影响，如滑雪场的营业推广、企业的网站、广告宣传等，这些要素属于企业的可控因素，还有一些属于不可控因素，如顾客是否有滑雪需求、滑雪场的口碑形象等。

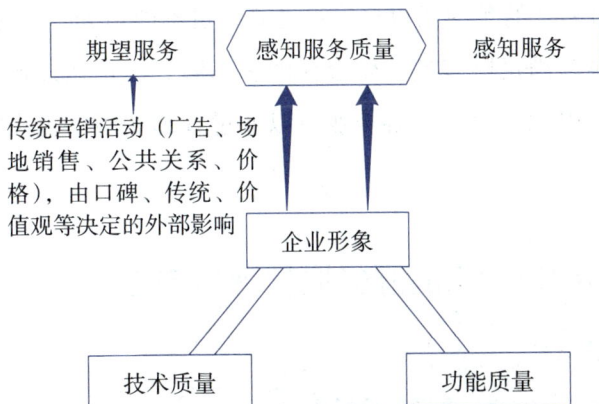

图7-1 格罗鲁斯顾客感知服务质量最初模型

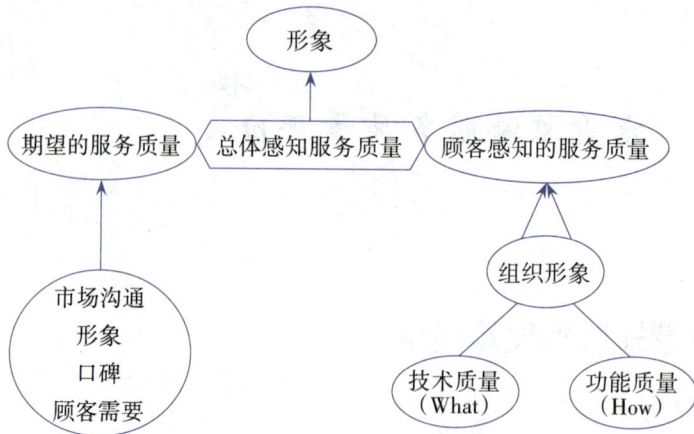

图7-2　格罗鲁斯顾客感知服务质量修正模型

（二）总体感知服务质量模型的实践应用

总体感知服务质量模型对于指导冰雪旅游景区实践的管理启示主要体现在三个方面：

第一，服务质量受顾客感知的影响，因此冰雪旅游企业在制定有关标准时必须进行市场调查，按照顾客对质量的理解去制定标准。

第二，鉴于形象对顾客感知服务质量的作用，冰雪旅游企业管理者应该重视形象的管理。

第三，由于顾客感知服务质量等于体验质量减去预期质量，因此冰雪旅游景区既不能将顾客的预期质量培养得过高，也不能培养得过低。预期过高，冰雪旅游景区难以满足顾客期望则会使顾客不满意；预期过低，又难以吸引顾客前来光顾。因此，冰雪旅游企业可以通过管理期望来提高顾客感知服务质量。

二、基于SERVQUAL的服务质量评价方法

（一）基于SERVQUAL的服务质量内涵

SERVQUAL是英文"Service Quality"（服务质量）的缩写，SERVQUAL评

价方法得到了广泛的应用。这一评价方法的基础是"服务质量差距模型"，即服务质量取决于顾客感知到的服务水平和顾客期望水平之间的差距程度。若顾客感知到的服务水平高于期望水平，则服务质量是高的；若顾客感知到的服务水平低于期望水平，则服务质量是低的。由此，冰雪旅游景区如何为顾客提供优质的服务，使其感觉物超所值，是提高顾客满意度的关键。SERVQUAL评价方法主要从五个维度来衡量服务质量，即有形性、可靠性、响应性、保证性和移情性，每个维度下又包括若干问题，共22个调查问题（见表7-1）。

表7-1   **SERVQUAL量表**

维度	定义	组成项目
有形性	服务中的实体部分，包括服务设施、设备和员工的外表	冰雪旅游景区有现代化的服务设施 冰雪旅游景区的服务设施具有吸引力 冰雪旅游景区的员工衣着整洁 景区内的休息场所（如休息亭、咖啡厅等）的装修风格与冰雪主题相匹配
可靠性	可靠、准确地提供所承诺的服务的能力	景区人员向顾客承诺的事情能及时完成 顾客遇到困难时，景区人员能表现出关心并提供帮助 景区人员是可靠的 景区人员能准确地提供所承诺的服务 景区人员能够准确地记录相关的服务
响应性	乐于帮助顾客，提供及时的服务	景区人员告知顾客的服务时间准确 景区人员能提供及时的服务 景区人员总是愿意帮助顾客 顾客在景区内遇到问题进行投诉时，景区人员能耐心倾听并快速解决投诉
保证性	员工的知识与态度使顾客信任、放心	冰雪旅游景区的员工值得信赖 冰雪旅游景区人员在从事交易时顾客会感到放心 冰雪旅游景区的员工是有礼貌的 员工可以从冰雪旅游景区得到适当的支持，以获得更好的服务

维度	定义	组成项目
移情性	关心并为顾客提供个性化服务	景区人员能针对不同的顾客提供个性化服务
		景区人员会给予顾客特别的关怀
		景区人员了解顾客的需求
		景区人员能优先考虑顾客的利益
		景区的氛围能让顾客感受到温馨和愉悦

1.有形性

有形性主要包括实际设施、设备以及服务人员的外表等，评价的标准如冰雪旅游景区的员工是否具有整洁的服装和外表、服务设施是否具有吸引力等。

2.可靠性

可靠性主要评价冰雪旅游景区是否能够可靠地、准确地履行服务承诺的能力，评价的标准如冰雪旅游景区对顾客的承诺是否能够及时完成，当顾客遇到困难时，是否能表现出关心并提供帮助。

3.响应性

响应性强调在对客服务过程中，处理顾客的要求、询问、投诉的快捷性，也包括为顾客提供所需要服务的柔性和能力，评价的标准如冰雪旅游景区员工是否能够及时帮助顾客，在服务的过程中能告知顾客准确的服务时间等。

4.保证性

保证性主要针对员工所具有的知识、礼节以及表达出自信与可信的能力，评价的标准如冰雪旅游服务景区的员工是否值得信赖，让顾客感到放心等。

5.移情性

移情性是指针对不同的顾客提供个性化的服务，让客人感到被重视，如做好客人信息的登记工作，细心标注客人的特点。评价的标准如冰雪旅游景区是否能够优先考虑客人的利益，了解顾客的需求等。

为了更好地了解顾客感知情况，在调研过程中，通过问卷调查的方式，让顾客针对每个问题给出实际感知到的服务质量分数、最低可接受的分数以及期望服务水平的分数，然后通过综合计算得出服务质量分数，模型如图7-3所示（李应军等，2019）。

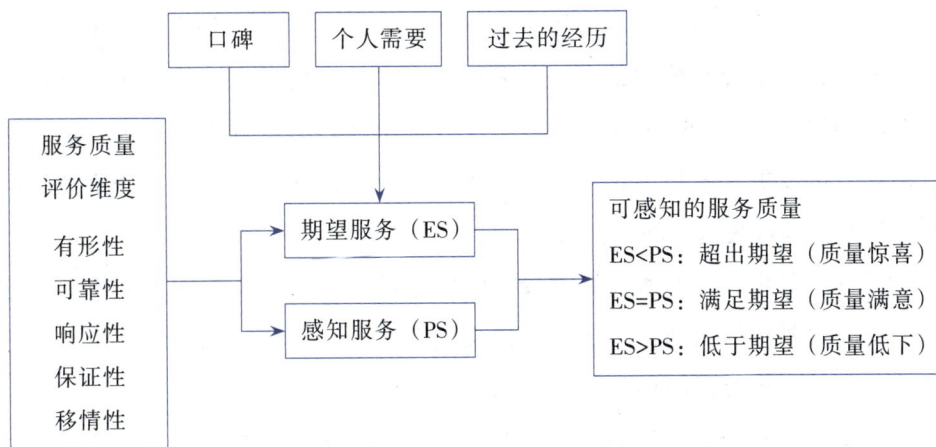

图7-3　顾客感知服务质量模型

（二）SERVQUAL服务质量模型的实践应用

SERVOUAL评价方法在冰雪旅游管理中有着广泛的应用，用以理解目标顾客的服务需求以及感知，为冰雪旅游景区提供了一套管理和度量服务质量的方法。该模型既可以横向与同一行业的不同冰雪旅游企业的服务水平作出比较，结合其他的评价手段，找出本景区在服务质量上与其他景区存在的差距，从而找出弥补差距的途径与方法；也可以纵向地了解冰雪旅游景区内部在服务水平上所存在的问题，有利于冰雪旅游景区及时弥补服务的缺陷，提高服务质量水平。其总体体现在五个方面。

第一，运用SERVQUAL评价方法能够更好地了解顾客的期望与质量感知的过程。值得注意的是，SERVQUAL评价方法的5个维度并非一成不变，这一特点使得服务质量的5个维度可以在应对不同的行业时进行"微调"，以满足对不同行业的服务质量进行评价。

第二，能够横向地比较分析冰雪旅游景区的服务水平。运用SERVQUAL评价方法时，可以结合其他的评价方法对同一行业的不同冰雪旅游景区的服务水平进行比较分析。通过计算本景区现在的服务水平与其他景区的服务水平的差距，可以更好地作出决策，提高企业的服务水平。该模型不仅可以分别计算出服务质量的各个维度水平，也可以找出各维度中对顾客感知影响较大的部分，从而使冰雪旅游景区可以有针对性地找到影响顾客感知的关键问题，有利于采取果断措施，提高服务质量。

第三，能够预测冰雪旅游服务质量的发展趋势。定期地利用SERVQUAL评价方法，在结合其他评价方法的基础上可以较好地预测冰雪旅游服务质量的发展趋势。SERVQUAL评价方法是一种基于顾客的服务质量评价方法，通过调查，可以更好地找出影响、阻碍冰雪旅游景区向顾客传递良好服务的问题，从而找到解决这一问题的方法。

第四，有助于改善冰雪旅游景区的服务质量。通过不同顾客群体对服务质量维度重要性的认知，找出在不同文化背景下，顾客感知服务质量方面的差异。由于文化背景的差异，顾客对服务质量的定义与要求是不同的。通过对不同文化层次的顾客进行分层抽样，可以得出顾客对服务质量的5个维度的感知情况，从而可以有侧重点地对影响冰雪旅游景区的服务质量因素进行改善。

第五，能够有针对性地对顾客进行分类。SERVQUAL评价方法可以针对每一个单独的顾客对SERVQUAL的得分进行分类，从而可以更加方便地找到目标顾客。经过对参与调查顾客评分情况的分析和分类，以及度量顾客对各维度重要性的认识，可以对顾客作出更多有益的分类，以考察评分较高的顾客接受服务的情况。如果评分较高，同时又接受过冰雪旅游景区的服务，那么这些顾客成为冰雪旅游景区忠诚顾客的可能性就比其他类型的顾客要大得多。

第三节 冰雪旅游目的地服务

旅游目的地服务是指旅游目的地为满足旅游者的需要而提供的服务内容，从广义角度来看，冰雪旅游目的地服务涵盖住宿服务、餐饮服务、出行服务、游览服务、购物服务、娱乐服务、公共服务、基础设施服务等各个方面。

一、住宿服务

　　旅游接待服务包括为游客提供的住宿服务和餐饮服务，冰雪旅游资源较为分散，部分滑雪场、冰雪景区等距离市区较远，且滑雪运动一般时长较长，滑雪场应该给滑雪者提供一定的餐饮和住宿服务，给客人带来舒适的体验。《中国冰雪旅游发展报告（2022）》明确指出，住宿已成为冰雪旅游中的关键一环，在冰雪旅游消费中占比达到24%。《中国冰雪旅游发展报告（2023）》指出，滑雪度假、冰雪休闲等旅游形式对冰雪旅游地的餐饮、住宿等服务业的发展产生了巨大的促进作用。冰雪旅游具有长期性的特点，游客在冰雪休闲度假过程中需要长时间地在目的地停留，需要住宿等服务业提供的保证。冰雪旅游的游客体验中包括了对住宿服务的感知，但受淡旺季的影响，当前住宿地还存在供需矛盾。在冰雪旅游旺季，随着大量游客的到来，房源出现供不应求的情况，且客房的价格过高，游客对住宿质量提出了更高的要求；在冰雪旅游淡季，酒店的客房大量闲置，出现供大于求的情况。

　　由此，冰雪旅游地如何为淡季发展注入新动能，面对庞大的市场需求，冰雪旅游地需要积极扩大住宿接待能力，在住宿数量和质量上，提升住宿产品品质，提高住宿服务管理水平，从而更好地满足游客需求（徐佳宁，2024）。

二、餐饮服务

　　餐饮是文化的载体，地方特色的餐饮能够为游客提供独特的文化体验，增加旅行的乐趣和纪念价值。在冰雪旅游地，餐饮作为旅游体验的重要组成部分，其质量和服务水平对游客的满意度和整体旅行印象起着至关重要的作用。酒店和其他餐饮服务商为来自世界各地的游客提供不同风味和档次的餐厅，能满足游客的多样化需求。餐饮质量直接关系到游客的满意度和口碑传播，优质的餐饮服务可以吸引更多游客，促使游客再次光顾。因此，餐饮业需要不断提升服务质量，注重创新和品质，以更好地满足游客的需求，为游客带来更加丰富和愉快的就餐体验。优质的餐饮体验能够为旅行增添乐趣，让游客在品尝美食的过程中感受到幸福和满足，提升整体旅行体验。

三、出行服务

便利的交通设施是游客可达性的基础。受冰雪旅游资源分布的特点影响，部分滑雪场、冰雪景区等距离市区较远，地理位置较为偏僻，远离机场和高铁站，交通不够便捷，导致游客出行不便；滑雪场面临着交通基础设施不足的问题，导致游客体验感不佳；部分通往景区的道路狭窄，停车位缺乏，以至于旅游旺季交通堵塞事件时有发生。由此，冰雪旅游景区不仅要做好外宣，同时也要练好"内功"，在交通等基础设施方面持续提升。

四、娱乐服务

冰雪旅游娱乐项目主要包括观光娱乐和体验娱乐。观光娱乐项目主要指冰雕、冰灯、雪雕和冰上表演等，体验娱乐项目主要包括滑雪、滑冰和雪地摩托等（李云鹏等，2021）。随着大众体验消费时代的到来，游客越来越关注具有特色的娱乐项目，冰雪旅游娱乐服务成为吸引游客的重要因素之一，能够促进当地旅游业和相关产业的发展，带动地方经济增长。

优质的冰雪旅游娱乐服务对于景区的发展具有不可忽视的重要意义，其作用主要体现在以下两个关键方面：

第一，从提升景区吸引力的角度来看，优质的冰雪旅游娱乐服务能够极大地增强景区的独特魅力。如今，游客对于旅游体验的要求日益提高，丰富多样且高品质的冰雪娱乐项目，如刺激的滑雪活动、精美的冰雕观赏等，能够满足游客多样化的需求，为他们带来前所未有的愉悦感受。这不仅会吸引更多游客慕名而来，还能让游客在体验后自发地进行口碑传播，从而有效提升景区的知名度和美誉度，使景区在激烈的旅游市场竞争中脱颖而出。

第二，从打造特色品牌的层面来讲，优质的冰雪旅游娱乐服务是景区塑造独特品牌形象的核心要素。通过精心设计和运营具有特色的冰雪娱乐项目，景区能够在游客心中树立起鲜明的品牌标识，形成独特的品牌竞争力。这种特色品牌的塑造，会吸引更多游客持续选择该景区，形成稳定的游客群体，并进一步带动周边餐饮、住宿、购物等相关产业的发展，构建起一个完整且持续的旅游消费链条，为景区的长期稳定发展奠定坚实的经济基础。

然而，冰雪旅游娱乐服务受季节性限制，并且存在一定的安全隐患，如滑雪场缆车安全、冰雪运动设备使用安全等问题，一旦发生事故将会严重影响游客体验和景区声誉。

五、基础设施服务

冰雪旅游目的地必备的基础设施主要包括卫生间、停车场、服务中心等，这些基础设施直接影响到游客的旅游体验质量。其中，服务中心主要是为客人提供滑雪前的准备工作、滑雪过程中的保护工作、滑雪后的休憩服务，涵盖雪具租赁、票务服务、快递服务、购物中心、餐饮休闲、医疗中心、寄存租赁柜等功能区，为雪友提供休息、充能的场所。停车场是滑雪场运营的必要服务设施之一，由于滑雪场的位置一般较为偏僻，大部分滑雪者会选择自驾来滑雪场，因此滑雪场必须配备足够的停车空间，满足滑雪者的停车需求。此外，冰雪旅游目的地要进行设施更新和升级，投入资金进行设施改造，引入新颖的冰雪娱乐设施，才能持续满足游客日益变化的需求，在市场中保持竞争力。

六、公共服务

2022年3月，中共中央办公厅、国务院办公厅印发了《关于构建更高水平的全民健身公共服务体系的意见》，并在其中强调应加强冰雪运动的公共户外设施。2024年11月，国务院办公厅发布《关于以冰雪运动高质量发展激发冰雪经济活力的若干意见》。意见提出，提升配套服务水平。加强冰雪运动场所交通基础设施建设，完善铁路、公路、民航等交通服务，增加冰雪运动目的地列车班次、航线航班。支持为冰雪运动爱好者试点提供冰雪装备高铁便利化运载服务。由此看出完善冰雪旅游公共服务体系的迫切需要。

根据冰雪旅游公共服务的生成动因可以判断其关联形式与种类的不同，具体可以分为以下五种：公共交通服务、公共信息服务、行业指导服务、优惠便民服务及安全保障服务。

公共交通服务指冰雪旅游行为自产生起的公共交通定线运输方式，其服务内容囊括了如今我们所了解的一切公共交通工具，如飞机、火车、出租车、公共汽车等。

公共信息服务既包括通向冰雪旅游目的地的指示牌标识、信息公告、营销与特惠信息服务，还包括第三方联动的延伸性信息服务，例如小程序购票、大众点评服务评价、高德地图目的地搜索等。

行业指导服务是第三种类型服务，如政策与行业的规划、公益福利服务和旅游的开发与管理。

优惠便民服务的涉及面较为广泛，其核心目标是在服务于冰雪旅游消费者的过程中，既要体现"实惠"，又要形成"方便"。具体而言，相关企业通过促销、营销等手段吸引消费者并为其节省经济或时间成本，以达到提升企业竞争力的目的。

冰雪旅游的安全保障服务是指一系列为确保游客在参与冰雪旅游活动过程中人身安全、财产安全以及整个旅游过程顺利进行的措施和服务。它依赖于政府及相关部门通过制定政策，形成有效的引导，并进行协同配合，比如对滑雪设施的安全检验标准、景区内安全标志的设置规范等，确保游客在冰雪旅游过程中的人身安全，推动冰雪旅游行业的健康、可持续发展。

第四节　冰雪旅游服务管理创新

一、冰雪旅游服务管理创新的内涵

冰雪旅游服务管理创新就是对传统的冰雪旅游服务管理方式进行异质化和多样化的改进和提升。在满足冰雪旅游消费者基本需求的前提下，探索深层次的服务需求，使冰雪旅游消费者获得更大的超额价值和更高的服务满意度，这也是冰雪旅游景区提高核心竞争力的重要途径。

二、冰雪旅游服务管理创新途径

（一）冰雪旅游服务管理理念创新

随着冰雪旅游的迅猛发展，消费者对冰雪旅游服务提出了更高的要求，若想满足不同消费者的多样化和个性化需求，就必须改变传统旅游接待服务理念，根据新时代特征发展新的冰雪旅游服务理念。理念创新主要体现在四个方面：

一是向定制冰雪旅游服务转变。随着移动互联网和移动通信技术的发展，消费者对服务感知发生了很大变化。以前冰雪旅游服务多是由相关组织提供的模式化服务，消费者更多的是被动式接受。现在消费者更喜欢自行去网上查找攻略，通过手机选择自己喜欢的服务和形式。与此同时，冰雪旅游景区也能根据云端大数据分析用户的行为习惯和喜好，展开一系列有针对性的营销服务，更加精准地提供符合消费者行为和消费习惯的个性化需求产品，进而达到高服务效率和高消费者满意度的双赢局面。

二是向交互旅游接待服务转变。传统的冰雪旅游服务方式多是以市场需求为导向，为消费者提供同质性的产品或服务。随着冰雪旅游市场的逐步成熟，人们越来越重视个性化、定制化的服务方式。冰雪旅游景区若想在新的外部环境下保持稳定的竞争力，就必须根据消费者的个性化需求为消费者提供定制化的服务产品，或让消费者自己设计想要的服务产品，改变过去单纯接受式的服务，真正实现冰雪旅游接待服务的双向互动。

当前，消费者喜欢随时随地利用手机分享自己的生活和旅游经历，如新浪微博、微信朋友圈、抖音短视频等。当消费者在网络上向别人展示自身的冰雪旅游经历和感受时，就成了内容制造者，这种方式改变了传统的单向旅游服务方式，使旅游企业与消费者之间联系更加紧密。同时，由于消费者的积极参与，旅游服务也得以不断完善、升级。

三是向精细旅游接待服务转变。在冰雪旅游服务过程中，服务流程的设计、服务人员的素质尤为重要，但是最重要的是对服务细节的关注，细节决定消费者的满意度。冰雪旅游景区必须充分认识到服务细节的重要性，为消费者提供更多的超值服务。例如，通过流程优化、技术创新、产品研发、精准营销等服务创新手段，建立集标准化、系统化、精细化于一体的新服务运作体系。

四是向供应链旅游接待服务转变。网络通信技术能够对资源进行有效整合，从而优化资源配置，冰雪旅游接待服务可以充分利用这一技术，将多个冰雪旅游景区看作一个完整的产品供应链，向消费者打包出售。这样，一方面，能够降低服务的边际成本，提高规模效益，给消费者带来更多的消费剩余，节省开支；另一方面，冰雪旅游服务也能够从单独的景区竞争升级为整条供应链的竞争，通过资源整合实现消费者和服务提供者的双赢。

（二）冰雪旅游服务技术创新

冰雪旅游服务技术创新可以围绕以下六个方面进行：

第一，智能化导览系统的革新应用。随着虚拟现实与增强现实技术的持续演进，智能化导览系统在冰雪旅游领域展现出了广泛的应用前景。该系统通过集成先进科技，使游客能够即时获取详尽的景点资讯、实时的天气状况以及必要的安全指导，从而极大地优化了游览体验。同时，依托地理信息系统（GIS）的强大功能，智能化导览系统能够为游客量身定制最优游览路线，有效避免人流密集区域，确保游览过程顺畅无阻。

第二，移动支付与智能票务系统的融合创新。移动支付技术的广泛普及，为冰雪旅游行业带来了前所未有的便捷性。游客仅需通过手机应用程序，即可轻松完成门票购买、装备租赁及餐饮消费等支付流程，全程无须携带现金。而智能票务系统则进一步根据游客的个性化需求，提供包括早鸟票、家庭套票等在内的多样化票务选择，极大地提升了游客的满意度与忠诚度。

第三，智慧酒店与住宿服务的智能化升级。智慧酒店通过物联网技术的深度应用，实现了客房设备的智能化控制，如智能温控、智能照明等，为游客营造了一个舒适宜人的住宿环境。同时，酒店管理系统还能够基于游客的偏好与历史记录，进行个性化的服务推荐，进一步增强了游客的住宿体验与满意度。

第四，冰雪装备制造与维护技术的革新发展。通过采用新型材料与智能传感技术，冰雪装备的舒适度与安全性得到了显著提升。此外，物联网技术的引入，使得装备能够实时接受监控与维护，从而确保了游客在使用过程中的绝对安全。

第五，环保与可持续发展理念的深入实践。冰雪旅游服务技术创新在推动行业发展的同时，需要始终秉持环保与可持续发展的核心理念。例如，采用环保材料建造临时设施，以减少对自然环境的破坏；通过智能能源管理系统优化能源使用，降低碳排放量。同时，积极推广绿色出行方式，如太阳能观光车等，以进一步减少旅游活动对生态环境的不良影响。

第六，大数据与市场分析技术的深度应用。大数据技术在冰雪旅游市场的深度应用，为行业提供了更为精准的市场洞察与决策支持。通过对海量数据的挖掘与分析，冰雪旅游景区能够更准确地把握游客需求与行为模式，从而制定出更为有效的营销策略与优化方案。

第五节　冰雪旅游服务质量的改进管理

一、深入调研，精准响应游客需求

　　当前，冰雪旅游市场竞争激烈，冰雪旅游景区首要任务就是深入调研游客需求。如通过问卷调查、访谈等方式，调研滑雪者的需求，全方位、多角度地了解游客的出游动机、消费习惯、兴趣偏好以及体验满意度，积极响应游客的需求，如针对家庭游客，可以推出亲子冰雪体验项目，开展儿童滑雪教学、家庭雪雕比赛等特色活动；针对年轻游客，可以打造时尚刺激的冰雪运动项目，如雪地摩托、滑雪板表演等；针对老年游客，可以提供舒适便捷的旅游服务，如设置老年人专用通道、提供轮椅租赁等（杨龙英，2024）。

二、健全服务质量管理体系与标准

　　为推动冰雪旅游行业的高质量发展，全面提升游客的旅游体验，制定一套科学、完善且具有前瞻性的服务质量标准至关重要。该标准需全面覆盖旅游接待、餐饮住宿、交通运输等各个环节，且每个环节的标准都应具体明确、可量化，以便于实际执行与监督。同时，要确保标准的科学性和先进性，符合冰雪旅游的发展趋势和游客的期望。还要加强服务质量的监管和评价，通过引入第三方评估机构、建立游客评价系统等方式，对服务质量进行客观、公正的评价。对于发现的问题和不足，则要及时进行整改和优化。

三、增强互动，提升顾客体验

在充分考虑景区盈利状况的前提下，为进一步丰富游客的冰雪旅游体验，提升景区的吸引力和美誉度，景区可积极开展多样化的特色活动。

第一，开展公益性滑雪教学活动。在雪季初期，景区可在维持盈利的基础上，于每周固定时间开展公益性滑雪教学活动。通过专业滑雪教练的悉心指导，不仅能帮助游客提升滑雪技能，还能在教学过程中与游客进行深度互动，增强游客对滑雪运动的热爱与理解，进而间接提升游客的技能体验。这种公益性的教学活动，既能展现景区的社会责任感，又能吸引更多游客前来参与，为景区赢得良好的口碑。

第二，举办冰雪创意主题活动。在日场与夜场的间隔时间段，景区可充分发挥创意，开展一系列丰富多彩的冰雪主题活动。在雪场内温暖舒适的空间里，邀请游客围坐在一起品茶、嬉雪，共同参与各种趣味游戏。游客们可以一边品尝香茗，一边分享各自的旅行经历和有趣故事，营造出温馨、欢乐的氛围。

第三，营造社交氛围与互动体验。利用节庆体验项目和赛事活动所营造的热烈气氛，鼓励游客之间进行积极良好的互动。例如，在雪车项目中，景区可设置双人或多人参赛模式，鼓励游客邀请教练或同伴共同参与，通过团队协作和竞争，深化彼此之间的友情，增强冰雪活动体验的趣味性与创新性。

四、构建智慧化服务终端

完善和提升冰雪旅游的设施功能与服务，学习借鉴互联网+在冰雪领域的应用，推动滑雪各个环节智慧化运营，将5G技术应用到数据采集、数据处理以及数据呈现等方面，从智慧化办公到智慧化服务。冰雪景区可与游客的智能手表进行链接，推广户外滑雪模式，在户外滑雪模式打开后，游客的滑雪轨迹、滑雪次数、滑雪距离、滑雪速度、滑行时长、滑雪坡度与落差和滑雪过程中血氧等身体机能、卡路里消耗、心率都可以通过游客智能手表和腕带进行精准监测，自动生成专业的滑雪报告，同时配备滑雪时的通信与沟通功能。将智能化运用到游客的滑雪、社交等方方面面，为游客提供微信、抖音等便于沟通的社群化互动，经由社群沟通，触发社群互动之后，带动其他游客的线下消费，然后再把个人经历不断地分享到站内，最后构成了正循环。随着互联网技术与新媒体潮流的发展，"线上"互动逐渐成为人际互动的主要渠道。

拓展资料7.1

许多景区都拥有自己的官方公众号，但不少冰雪旅游景区公众号仅提供基础性的购票信息，功能不够完善，缺乏真正与游客互动的线上社群。在抖音、vlog等新媒体的热潮下，应为景区与新媒体提供深度合作的平台，开展丰富多彩的活动、赛事，确保冰雪旅游发展月月有主题、周周有活动。

❄ 本章小结

卓越的冰雪旅游服务质量是冰雪旅游持续发展的关键，能够提升游客体验，增强满意度与忠诚度，为冰雪旅游注入活力。本章主要对冰雪旅游服务质量的概念、特征、构成要素以及冰雪旅游服务质量评价、冰雪旅游目的地服务、冰雪旅游服务管理创新、冰雪旅游服务质量的改进管理进行了介绍。通过本章的学习，可以系统全面地了解冰雪旅游服务知识体系，明晰服务质量内涵，理解评价体系，启发服务管理创新思维。

❄ 即测即练

❄ 思考题

1.旅游服务质量的含义和特征是什么？

2.如何利用SERVQUAL进行服务质量的评价？SERVQUAL评价的5个维度分别是什么？

3.冰雪旅游目的地涵盖的服务有哪些？如何做好冰雪旅游目的地的服务？

4.结合当前数字化、智能化的发展趋势，冰雪旅游目的地应如何利用新兴技术提升各类服务的质量和效率，以满足游客日益多样化和个性化的需求？

5.从可持续发展的视角出发，冰雪旅游目的地提升服务质量如何与环境保护、文化传承等方面协同共进，实现长期的良性发展？

主要参考文献

［1］邓爱民. 旅游学概论［M］. 武汉：华中科技大学出版社，2022.

［2］李天元. 旅游学概论［M］. 天津：南开大学出版社，2018.

［3］唐承财，肖小月，秦珊. 中国冰雪旅游研究：内涵辨析、脉络梳理与体系构建［J］. 地理研究，2023，42（2）：332-351.

［4］刘志林，王磊，丁银平，等. 中国积雪资源时空演变特征及其旅游开发关键区识别［J］. 地理研究，2023，42（2）：352-370.

［5］戴湘毅，秦安琦，唐承财. 国际冰雪旅游的研究进展及启示［J］. 地理研究，2023，42（2）：458-474.

［6］哈德森 S，哈德森 L. 冬季体育旅游：在冰雪世界里工作［M］. 林赟，译. 北京：清华大学出版社，2019.

［7］唐承财，肖小月，韩莹，等. 中国典型冰雪旅游地开发模式及优化路径［J］. 自然资源学报，2022，37（9）：2348-2366.

［8］张超雄. 从文化遗留到文化遗产：古代滑雪狩猎的文化生态刍议［J］. 中国非物质文化遗产，2022（2）：59-67.

［9］唐承财，方琰，厉新建，等. 新时代中国冰雪旅游高质量发展模式构建与路径创新［J］. 干旱区资源与环境，2023，37（12）：140-150.

［10］韩元军. 冰雪旅游发展论［M］. 北京：经济科学出版社，2023.

［11］庄孔韶. 人类学概论［M］. 北京：中国人民大学出版社，2006.

［12］陈珂. 三部委联合印发《冰雪旅游发展行动计划（2021—2023年）》——打造一批高品质冰雪主题旅游度假区［J］. 中国会展（中国会议），2021（4）：26-29.

［13］极限时间XGame.中国古代冰雪运动简史［EB/OL］.［2024-06-10］.
https：//baijiahao.baidu.com/s？id=1649520172379303568.

［14］杨春梅.中国冰雪旅游业发展模式研究［M］.哈尔滨：哈尔滨工
程大学出版社，2016.

［15］于晓菲.东北三省冰雪旅游资源空间结构及其影响因素研究［D］.
长春：东北师范大学，2020.

［16］张春艳.冰雪旅游资源价值形成与实现机制研究［D］.哈尔滨：哈
尔滨工业大学，2008.

［17］董锁成，李宇，厉静文，等.中国大冰雪旅游发展模式研究［J］.
中国生态旅游，2021，11（6）：829-845.

［18］邵琪伟.中国旅游大辞典［M］.上海：上海辞书出版社，2012.

［19］田韶获.崇礼翠云山景区冰雪旅游发展研究［D］.桂林：广西师范
大学，2023.

［20］张娜.东北地区冰雪旅游经济效应及调控研究［D］.长春：东北师
范大学，2013.

［21］世界旅游组织.词汇表［EB/OL］.［2024-01-12］.https：//www.un-
wto.org/glossary-tourism-terms.

［22］刘建峰，王桂玉，张晓萍.基于表征视角的旅游目的地形象内涵及
其建构过程解析——以丽江古城为例［J］.旅游学刊，2009，24（3）：48-54.

［23］马凌.旅游社会科学中的建构主义范式［J］.旅游学刊，2011，26
（1）：31-37.

［24］张瑞星.旅游目的地形象塑造的相关问题探讨［J］.开封教育学院
学报，2016，36（10）：291-292.

［25］郑育佳.基于4V理论下吉林省冰雪旅游品牌传播策略研究［D］.
长春：长春工业大学，2024.

［26］王东峰.基于旅游目的地品牌构建过程的品牌传播决策研究［J］.
生产力研究，2020（9）：111-114.

［27］陈丽萍，杨晓梅.结合地域特点的旅游形象设计探讨［J］.中学地
理教学参考，2021（20）：97.

［28］任耘.浅谈旅游传播的审美诉求［J］.新闻战线，2017（22）：

121-122.

［29］李巧云，秦美玉．互联网背景下旅游目的地形象塑造与传播——以巴中市诺水河风景区为例［C］//四川劳动保障杂志出版有限公司．劳动保障研究会议论文集（七），2020.

［30］科特勒．旅游市场营销［M］．谢彦君，等译．8版．北京：清华大学出版社，2017.

［31］郭英之．旅游市场营销［M］．5版．大连：东北财经大学出版社，2023.

［32］徐惠群．旅游营销［M］．北京：中国人民大学出版社，2009.

［33］龙雨萍．旅游市场营销理论与实务［M］．武汉：华中科技大学出版社，2019.

［34］刘伟平，陈秋华．旅游市场营销学［M］．北京：中国旅游出版社，2005.

［35］安贺新，史锦华，韩玉芬．旅游市场营销学［M］．北京：清华大学出版社，2018.

［36］陈丹红．旅游市场营销学［M］．北京：清华大学出版社，2019.

［37］李博洋．旅游市场营销［M］．2版．北京：清华大学出版社，2019.

［38］吴健安，钟育赣，胡其辉．市场营销学［M］．7版．北京：清华大学出版社，2022.

［39］PARASURAMAN A，ZEITHAML V A，BERRY L L.A conceptual model of service quality and its implications for future research［J］．Journal of Marketing，1985，49（4）．

［40］PARASURAMAN A，ZEITHAML V A，BERRY L L. SERVQUAL：A multiple-item scale for measuring consumer perceptions of service quality［J］．Journal of Retailing，1988，64（1）：12-40.

［41］BICHLERBF，PIKKEMAAT B.Winter sports tourism to urban destinations：Identifying potential and comparing motivational differences across skier groups［J］．Journal of Outdoor Recreation and Tourism，2021（36）：1-10.

［42］HALL J，O'MAHONY B，GAYLER J.Modelling the relationship between attribute satisfaction，overall satisfaction，and behavioural intentions in Australian ski resorts ［J］. Journal of Travel & Tourism Marketing，2017，34（6）：764-778.

［43］MIRAGAIA D，CONDE D，SOARES J.Measuring service quality of ski resorts：An approach to identify the consumer profile ［J］. The Open Sports Sciences Journal，2016，9（1）：53-61.

［44］PIKKEMAAT B，et al.Exploring the crowding-satisfaction relationship of skiers：The role of social behavior and experiences ［J］. Journal of Travel & Tourism Marketing，2020，37（8-9）：902-916.

［45］GRÖNROOS，CHRISTIAN.Service management and marketing：A customer relationship management approach ［M］. England：John Wiley & Sons，Ltd.，2000.

［46］GRONROOS C.A service quality model and its marketing implications ［J］. European Journal of Marketing，1984，18（4）：36-44.

［47］李应军，唐慧，杨结．旅游服务质量与管理 ［M］．武汉：华中科技大学出版社，2019.

［48］李云鹏，方琰．滑雪旅游概论 ［M］．北京：首都经济贸易大学出版社，2021.

［49］徐佳宁．冰雪旅游地游客住宿偏好研究 ［D］．石家庄：河北师范大学，2024.

［50］柯营营，徐克帅，林明水．基于扎根理论的滑雪旅游体验评价 ［J］．资源开发与市场，2019，35（7）：979-985.

［51］邓经辉，龙正印，刘通，等．后冬奥时代我国南方冰雪旅游服务能力提升研究——以四川省阿坝州滑雪场为例 ［J］．冰雪运动，2023，45（3）：7-12；31.

［52］赵琳．黑龙江省滑雪旅游公共服务困境与优化对策研究 ［D］．哈尔滨：哈尔滨体育学院，2022.

［53］杨龙英．游客满意度视角下阿勒泰冰雪旅游服务质量提升研究 ［J］．西部旅游，2024（2）：11-13.

［54］高娜．服务场景视域下的冰雪旅游体验研究 ［D］．成都：成都体育学院，2024.

［55］中华人民共和国中央人民政府．中共中央办公厅国务院办公厅印发《关于构建更高水平的全民健身公共服务体系的意见》［EB/OL］．［2022-03-23］http：//www.gov.cn/zhengce/2022-03/23/content_5680908.htm.

［56］中国政府网．文化和旅游部 国家发展改革委 国家体育总局 关于印发《冰雪旅游发展行动计划（2021—2023 年）》的通知［EB/OL］．［2021-02-10］．http：//zwgk.mct.gov.cn/zfxxgkml/zykf/202102/t20210210_921552.html.

［57］张懿玮．旅游服务质量管理［M］．上海：华东师范大学出版社，2019.